中学校学習指導要領(平成29年告示)解説

特別の教科　道徳編

平成29年7月

文部科学省

まえがき

　文部科学省では，平成29年3月31日に学校教育法施行規則の一部改正と中学校学習指導要領の改訂を行った。新中学校学習指導要領等は平成33年度から全面的に実施することとし，平成30年度から一部を移行措置として先行して実施することとしている。

　今回の改訂は，平成28年12月の中央教育審議会答申を踏まえ，

　① 教育基本法，学校教育法などを踏まえ，これまでの我が国の学校教育の実績や蓄積を生かし，子供たちが未来社会を切り拓くための資質・能力を一層確実に育成することを目指すこと。その際，子供たちに求められる資質・能力とは何かを社会と共有し，連携する「社会に開かれた教育課程」を重視すること。

　② 知識及び技能の習得と思考力，判断力，表現力等の育成のバランスを重視する平成20年改訂の学習指導要領の枠組みや教育内容を維持した上で，知識の理解の質を更に高め，確かな学力を育成すること。

　③ 先行する特別教科化など道徳教育の充実や体験活動の重視，体育・健康に関する指導の充実により，豊かな心や健やかな体を育成すること。

を基本的なねらいとして行った。

　本書は，大綱的な基準である学習指導要領の記述の意味や解釈などの詳細について説明するために，文部科学省が作成するものであり，中学校学習指導要領第3章「特別の教科　道徳」について，その改善の趣旨や内容を解説している。

　各学校においては，本書を御活用いただき，学習指導要領等についての理解を深め，創意工夫を生かした特色ある教育課程を編成・実施されるようお願いしたい。

　むすびに，本書「中学校学習指導要領解説特別の教科　道徳編」の作成に御協力くださった各位に対し，心から感謝の意を表する次第である。

　平成29年7月

文部科学省初等中等教育局長

髙橋　道和

目次

- 第1章 総説 …………………………………………………… 1
  - 1 改訂の経緯 ………………………………………………… 1
  - 2 改訂の基本方針 …………………………………………… 3
  - 3 改訂の要点 ………………………………………………… 4
- 第2章 道徳教育の目標 ……………………………………… 8
  - 第1節 道徳教育と道徳科 ………………………………… 8
  - 第2節 道徳科の目標 ……………………………………… 13
    - 1 道徳教育の目標に基づいて行う ……………………… 14
    - 2 道徳的諸価値についての理解を基にする …………… 14
    - 3 自己を見つめ，物事を広い視野から多面的・多角的に考え，人間としての生き方についての考えを深める ……………… 15
    - 4 道徳的な判断力，心情，実践意欲と態度を育てる ………………………………………… 17
- 第3章 道徳科の内容 ………………………………………… 19
  - 第1節 内容の基本的性格 ………………………………… 19
    - 1 内容構成の考え方 ……………………………………… 19
    - 2 内容の取扱い方 ………………………………………… 21
  - 第2節 内容項目の指導の観点 …………………………… 24
- 第4章 指導計画の作成と内容の取扱い …………………… 70
  - 第1節 指導計画作成上の配慮事項 ……………………… 70
    - 1 指導計画作成の方針と推進体制の確立 ……………… 70
    - 2 年間指導計画の意義と内容 …………………………… 70
    - 3 年間指導計画作成上の創意工夫と留意点 …………… 72
  - 第2節 道徳科の指導 ……………………………………… 76
    - 1 指導の基本方針 ………………………………………… 76
    - 2 道徳科の特質を生かした学習指導の展開 …………… 78
    - 3 学習指導の多様な展開 ………………………………… 82
  - 第3節 指導の配慮事項 …………………………………… 86
    - 1 道徳教育推進教師を中心とした指導体制 …………… 86

2　道徳科の特質を生かした計画的・発展的
　　　　な指導 ……………………………………………………… 88
　　　3　生徒が主体的に道徳性を養うための指導 …………… 90
　　　4　多様な考え方を生かすための言語活動 ……………… 93
　　　5　問題解決的な学習など多様な方法を
　　　　取り入れた指導 ………………………………………… 96
　　　6　情報モラルと現代的な課題に関する指導 …………… 99
　　　7　家庭や地域社会との連携による指導 ………………… 102
　●第4節　道徳科の教材に求められる内容の観点 …………… 104
　　　1　教材の開発と活用の創意工夫 ………………………… 104
　　　2　道徳科に生かす教材 …………………………………… 106

●第5章　道徳科の評価 ……………………………………………… 109
　●第1節　道徳科における評価の意義 ………………………… 109
　　　1　道徳教育における評価の意義 ………………………… 109
　　　2　道徳科における評価の意義 …………………………… 110
　●第2節　道徳科における生徒の学習状況及び
　　　　　　成長の様子についての評価 ……………………… 111
　　　1　評価の基本的態度 ……………………………………… 111
　　　2　道徳科における評価 …………………………………… 111
　●第3節　道徳科の授業に対する評価 ………………………… 117
　　　1　授業に対する評価の必要性 …………………………… 117
　　　2　授業に対する評価の基本的な考え方 ………………… 117
　　　3　授業に対する評価の工夫 ……………………………… 118
　　　4　評価を指導の改善に生かす工夫と留意点 …………… 118

●付録 ………………………………………………………………… 119
　●付録1：学校教育法施行規則（抄） ………………………… 120
　●付録2：中学校学習指導要領　第1章　総則 ……………… 125
　●付録3：中学校学習指導要領　第3章　特別の教科　道徳 … 134
　●付録4：小学校学習指導要領　第3章　特別の教科　道徳 … 138
　●付録5：中学校学習指導要領解説　総則編（抄） ………… 144

第1章　総説

● 1　改訂の経緯

　我が国の教育は，教育基本法第1条に示されているとおり「人格の完成を目指し，平和で民主的な国家及び社会の形成者として必要な資質を備えた心身ともに健康な国民の育成を期して行われ」るものである。

　人格の完成及び国民の育成の基盤となるものが道徳性であり，その道徳性を育てることが学校教育における道徳教育の使命である。

　平成25年12月の「道徳教育の充実に関する懇談会」報告では，道徳教育について「自立した一人の人間として人生を他者とともにより良く生きる人格を形成することを目指すもの」と述べられている。道徳教育においては，人間尊重の精神と生命に対する畏敬の念を前提に，人が互いに尊重し協働して社会を形づくっていく上で共通に求められるルールやマナーを学び，規範意識などを育むとともに，人としてよりよく生きる上で大切なものとは何か，自分はどのように生きるべきかなどについて，時には悩み，葛藤しつつ，考えを深め，自らの生き方を育んでいくことが求められる。

　さらに，今後グローバル化が進展する中で，様々な文化や価値観を背景とする人々と相互に尊重し合いながら生きることや，科学技術の発展や社会・経済の変化の中で，人間の幸福と社会の発展の調和的な実現を図ることが一層重要な課題となる。こうした課題に対応していくためには，社会を構成する主体である一人一人が，高い倫理観をもち，人としての生き方や社会の在り方について，時に対立がある場合を含めて，多様な価値観の存在を認識しつつ，自ら感じ，考え，他者と対話し協働しながら，よりよい方向を目指す資質・能力を備えることがこれまで以上に重要であり，こうした資質・能力の育成に向け，道徳教育は，大きな役割を果たす必要がある。

　このように，道徳教育は，人が一生を通じて追求すべき人格形成の根幹に関わるものであり，同時に，民主的な国家・社会の持続的発展を根底で支えるものでもある。また，道徳教育を通じて育成される道徳性，とりわけ，内省しつつ物事の本質を考える力や何事にも主体性をもって誠実に向き合う意志や態度，豊かな情操などは，「豊かな心」だけでなく，「確かな学力」や「健やかな体」の基盤ともなり，「生きる力」を育むために極めて重要なものである。

　我が国の学校教育において道徳教育は，道徳の時間を要として学校の教育活動全体を通じて行うものとされてきた。これまで，学校や生徒の実態などに基づき道徳教育の重点目標を設定し充実した指導を重ね，確固たる成果を上げている学

校がある一方で，例えば，歴史的経緯に影響され，いまだに道徳教育そのものを忌避しがちな風潮があること，他教科等に比べて軽んじられていること，読み物の登場人物の心情理解のみに偏った形式的な指導が行われる例があることなど，多くの課題が指摘されている。道徳教育は，生徒の人格の基盤となる道徳性を養う重要な役割があることに鑑みれば，これらの実態も真摯に受け止めつつ，その改善・充実に取り組んでいく必要がある。

　このため，平成26年2月には，文部科学大臣から，道徳教育の充実を図る観点から，教育課程における道徳教育の位置付けや道徳教育の目標，内容，指導方法，評価について検討するよう，中央教育審議会に対して諮問がなされ，同年3月から道徳教育専門部会を設置し10回に及ぶ審議を行い，教育課程部会，総会での審議を経て，同年10月に「道徳に係る教育課程の改善等について」答申を行った。この答申では，

① 道徳の時間を「特別の教科　道徳」（仮称）として位置付けること
② 目標を明確で理解しやすいものに改善すること
③ 道徳教育の目標と「特別の教科　道徳」（仮称）の目標の関係を明確にすること
④ 道徳の内容をより発達の段階を踏まえた体系的なものに改善すること
⑤ 多様で効果的な道徳教育の指導方法へと改善すること
⑥ 「特別の教科　道徳」（仮称）に検定教科書を導入すること
⑦ 一人一人のよさを伸ばし，成長を促すための評価を充実すること

などを基本的な考え方として，道徳教育について学習指導要領の改善の方向性が示された。

　この答申を踏まえ，平成27年3月27日に学校教育法施行規則を改正し，「道徳」を「特別の教科である道徳」とするとともに，小学校学習指導要領，中学校学習指導要領及び特別支援学校小学部・中学部学習指導要領の一部改正の告示を公示した。今回の改正は，いじめの問題への対応の充実や発達の段階をより一層踏まえた体系的なものとする観点からの内容の改善，問題解決的な学習を取り入れるなどの指導方法の工夫を図ることなどを示したものである。このことにより，「特定の価値観を押し付けたり，主体性をもたず言われるままに行動するよう指導したりすることは，道徳教育が目指す方向の対極にあるものと言わなければならない」，「多様な価値観の，時に対立がある場合を含めて，誠実にそれらの価値に向き合い，道徳としての問題を考え続ける姿勢こそ道徳教育で養うべき基本的資質である」との答申を踏まえ，発達の段階に応じ，答えが一つではない道徳的な課題を一人一人の生徒が自分自身の問題と捉え，向き合う「考える道徳」，「議論する道徳」へと転換を図るものである。

改正中学校学習指導要領は，平成27年4月1日から移行措置として，その一部又は全部を実施することが可能となっており，平成31年4月1日から全面実施することとしている。

　なお，平成29年3月に告示された全面改訂後の中学校学習指導要領は令和3年度から全面実施されるが，第1章総則については，道徳科の実施に係る部分以外の規定については，平成30年度から先行実施することとされている。このため，本解説においては，第1章総則については，平成29年3月31日告示による改訂後のものを示している。

2　改訂の基本方針

　教育基本法をはじめとする我が国の教育の根本理念に鑑みれば，道徳教育は，教育の中核をなすものであり，学校における道徳教育は，学校のあらゆる教育活動を通じて行われるべきものである。

　同時に，道徳教育においては，これまで受け継がれ，共有されてきたルールやマナー，社会において大切にされてきた様々な道徳的価値などについて，生徒が発達の段階に即し，一定の教育計画に基づいて学び，それらを理解し身に付けたり，様々な角度から考察し自分なりに考えを深めたりする学習の過程が重要である。このため，昭和33年に，小・中学校において，道徳の時間が設けられ，各教科等における道徳教育と密接な関連を図りながら，計画的，発展的な指導によってこれを補充，深化，統合し，生徒に道徳的価値の自覚や生き方についての考えを深めさせ，道徳的実践力を育成するものとされてきた。こうした道徳の時間を要として学校の教育活動全体を通じて行うという道徳教育の基本的な考え方は，今後も引き継ぐべきである。一方で，道徳教育が期待される役割を十分に果たすことができるように改善を図ることが重要である。

　とりわけ，道徳の時間が道徳教育の要として有効に機能することが不可欠である。今回の道徳教育の改善に関する議論の発端となったのは，いじめの問題への対応であり，生徒がこうした現実の困難な問題に主体的に対処することのできる実効性ある力を育成していく上で，道徳教育も大きな役割を果たすことが強く求められた。道徳教育を通じて，個人が直面する様々な状況の中で，そこにある事象を深く見つめ，自分はどうすべきか，自分に何ができるかを判断し，そのことを実行する手立てを考え，実践できるようにしていくなどの改善が必要と考えられる。

　このような状況を踏まえ，道徳教育の充実を図るため，学校の教育活動全体を通じて行う道徳教育とその要としての道徳の時間の役割を明確にした上で，生徒

の道徳性を養うために，適切な教材を用いて確実に指導を行い，指導の結果を明らかにしてその質的な向上を図ることができるよう，学校教育法施行規則及び学習指導要領の一部を改正し，道徳の時間を教育課程上「特別の教科　道徳」（以下「道徳科」という。）として新たに位置付け，その目標，内容，教材や評価，指導体制の在り方等を見直した。これまでの道徳の時間を要として学校の教育活動全体を通じて行うという道徳教育の基本的な考え方を今後も引き継ぐとともに，道徳科を要として道徳教育の趣旨を踏まえた効果的な指導を学校の教育活動全体を通じてより確実に展開することができるよう，道徳教育の目標等をより分かりやすい表現で示すなど，教育課程の改善を図った。

3　改訂の要点

学校の教育活動全体で行う道徳教育に関わる規定を，学習指導要領「第1章　総則」に示すとともに，「第3章　特別の教科　道徳」について，次のような改善を行った。

(1) 第1　目標

道徳教育の目標と道徳科の目標を，各々の役割と関連性を明確にするため，道徳科の目標を「よりよく生きるための基盤となる道徳性を養う」として，学校の教育活動全体を通じて行う道徳教育の目標と同一であることが分かりやすい表現にするとともに，従前，道徳の時間の目標に定めていた「各教科等との密接な関連」や「計画的，発展的な指導による補充，深化，統合」は，「第3　指導計画の作成と内容の取扱い」に整理した上で，表現を改めた。また，道徳的価値について自分との関わりも含めて理解し，それに基づいて内省し，多面的・多角的に考え，判断する能力，道徳的心情，道徳的行為を行うための意欲や態度を育てるという趣旨を明確化するため，従前の「道徳的価値及びそれに基づいた人間としての生き方についての自覚を深め」ることを，学習活動を具体化して「道徳的諸価値についての理解を基に，自己を見つめ，物事を広い視野から多面的・多角的に考え，人間としての生き方についての考えを深める学習」と改めた。さらに，これらを通じて，よりよく生きていくための資質・能力を培うという趣旨を明確化するため，従前の「道徳的実践力を育成する」ことを，具体的に「道徳的な判断力，心情，実践意欲と態度を育てる」と改めた。

(2) 第2　内容

「道徳科を要として学校の教育活動全体を通じて行う道徳教育の内容は，第3

章特別の教科道徳の第2に示す内容」とする規定を総則に示し，第2に示す内容が道徳科を要とした道徳教育の内容であることを明示した。また，小学校から中学校までの内容の体系性を高めるとともに，構成やねらいを分かりやすく示して指導の効果を上げることや，内容項目が多くの人に理解され，家庭や地域の人とも共有しやすいものとするなどの観点から，それぞれの内容項目に手掛かりとなる「自主，自律，自由と責任」などの言葉を付記した。

内容項目のまとまりを示していた視点については，四つの視点によって内容項目を構成して示すという考え方は従前どおりとしつつ，これまで「1 主として自分自身に関すること」「2 主として他の人とのかかわりに関すること」「3 主として自然や崇高なものとのかかわりに関すること」「4 主として集団や社会とのかかわりに関すること」の順序で示していた視点を，生徒にとっての対象の広がりに即して整理し，「A 主として自分自身に関すること」「B 主として人との関わりに関すること」「C 主として集団や社会との関わりに関すること」「D 主として生命や自然，崇高なものとの関わりに関すること」として順序を改めた。

また，内容項目については主に以下のような改善を図った。

A 主として自分自身に関すること
(ｱ)「自主，自律，自由と責任」について，主体的に判断する態度を一層重視し，従前の1－(3)の「自主的に考え，誠実に実行して」を「自主的に考え，判断し，誠実に実行して」に改めた。
(ｲ)「節度，節制」について，自分の安全に気を付け，調和のある生活をすることを一層重視し，従前の1－(1)の「調和のある生活」を「安全で調和のある生活」に改めた。
(ｳ)「希望と勇気，克己と強い意志」について，目標に向かって不屈の精神をもって努力することができるようにするため，従前の1－(2)の「より高い目標を目指し」を「より高い目標を設定し」へ，「着実にやり抜く強い意志をもつ」を「困難や失敗を乗り越えて着実にやり遂げること」に改めた。
(ｴ)「真理の探究，創造」について，探究心を養うことを重視して，従前の1－(4)の「理想の実現を目指して自己の人生を切り拓いていく」を「探究して新しいものを生み出そうと努めること」に改めた。

B 主として人との関わりに関すること
(ｱ)「思いやり，感謝」について，より体系的・系統的に指導ができるよう，従前の2－(2)及び2－(6)を統合した。

(イ)「友情,信頼」について,より体系的・系統的に指導ができるよう,従前の2-(3)及び2-(4)を統合した。

(ウ)「相互理解,寛容」について,自分の考えをもって他の立場や考えを受け入れることを重視して,「自分の考えや意見を相手に伝えるとともに」を加えた。

C 主として集団や社会との関わりに関すること

(ア)「遵法精神,公徳心」について,主体性をもって法やきまりを守ることを一層重視し,従前の4-(1)の「遵守するとともに」を「進んで守るとともに,そのよりよい在り方について考え」に,「社会の秩序と規律を高めるように努める」を「規律ある安定した社会の実現に努めること」に改めた。

(イ)「勤労」について,勤労の貴さや意義の理解を一層重視し,従前の4-(5)の「奉仕の精神をもって,公共の福祉と社会の発展に努める」を「将来の生き方について考えを深め,勤労を通じて社会に貢献すること」に改めた。

(ウ)「よりよい学校生活,集団生活の充実」について,より体系的・系統的に指導ができるよう,従前の4-(4)及び4-(7)を統合するとともに,集団における役割遂行を重視して,「集団の中での自分」を追加した。

(エ)「郷土の伝統と文化の尊重,郷土を愛する態度」について,郷土への帰属意識を再考して,従前の4-(8)に「郷土の伝統と文化を大切にし」及び「進んで」を加えた。

(オ)「我が国の伝統と文化の尊重,国を愛する態度」について,日本人としての帰属意識を再考するとともに,新しい文化の創造と社会の発展に貢献し得る能力を一層重視して,従前の4-(9)に「国家及び社会の形成者として」を加えた。

(カ)「国際理解,国際貢献」について,多様な文化を尊重し,国際親善に努めることを重視して,従前の4-(10)に「他国を尊重し」及び「発展に寄与」を加えた。

D 主として生命や自然,崇高なものとの関わりに関すること

(ア)「生命の尊さ」について,生命のかけがえのなさについて理解を深められるようにするため,従前の3-(1)に,「その連続性や有限性なども含めて理解し」を加えた。

(イ)「自然愛護」及び「感動,畏敬の念」について,より体系的・系統的に指導ができるよう,従前の3-(2)を分割するとともに「自然の崇高さを知り,自然環境を大切にすることの意義を理解」を加えた。

(ウ)「よりよく生きる喜び」について，人間の気高く生きようとする心をしっかりと把握した上で喜びを見いだすことができるよう，従前の3－(3)の「強さや気高さがあることを信じて」を「強さや気高く生きようとする心があることを理解し」に改めた。

(3) 第3 指導計画の作成と内容の取扱い

ア 全体計画及び指導内容の取扱いに関わる事項は「第1章 総則」に移行し，道徳科の年間指導計画に関わる事項を記載した。なお，指導計画の創意工夫を生かせるようにするために，一つの内容項目を複数の時間で扱う指導を取り入れるなどの工夫を加えた。

イ これまで目標に示していた各教科等との密接な関連及び補充，深化，統合に関する事項を，指導の配慮事項に移行し，分かりやすい記述に改めた。

ウ 生徒が自ら道徳性を養うことへの配慮事項を，自らを振り返ること，道徳性を養うことの意義について，自らが考え，理解することなどを加えて具体的に示した。

エ 生徒が多様な感じ方や考え方に接する中で，考えを深め，判断し，表現する力などを育むための言語活動の充実を具体的に示した。

オ 道徳科の特質を生かした指導を行う際の指導方法の工夫例を，問題解決的な学習，道徳的行為に関する体験的な学習等として示した。

カ 指導上の配慮事項として，情報モラルに加えて社会の持続可能な発展などの現代的な課題の取扱いを例示し，取り上げる際の配慮事項を明記した。

キ 多様な教材の開発や活用について具体的に例示するとともに，教材の具備すべき要件を示した。

ク 道徳科の評価に関して，数値などによる評価は行わない点に変わりはないが，学習状況や道徳性に係る成長の様子を継続的に把握し，指導に生かすよう努める必要があることを示した。

第2章　道徳教育の目標

第1節　道徳教育と道徳科

> (「第1章　総則」の「第1　中学校教育の基本と教育課程の役割」の2の(2)
> 　2段目)
> 　学校における道徳教育は，特別の教科である道徳（以下「道徳科」という。）を要として学校の教育活動全体を通じて行うものであり，道徳科はもとより，各教科，総合的な学習の時間及び特別活動のそれぞれの特質に応じて，生徒の発達の段階を考慮して，適切な指導を行うこと。

　学校における道徳教育は，自己の生き方を考え，主体的な判断の下に行動し，自立した一人の人間として他者と共によりよく生きるための基盤となる道徳性を養うことを目標とする教育活動であり，社会の変化に対応しその形成者として生きていくことができる人間を育成する上で重要な役割をもっている。

　道徳教育は，学校や生徒の実態などを踏まえ設定した目標を達成するために，道徳科はもとより，各教科，総合的な学習の時間及び特別活動のそれぞれの特質に応じて行うことを基本として，あらゆる教育活動を通じて，適切に行われなくてはならない。その中で，道徳科は，各活動における道徳教育の要として，それらを補ったり，深めたり，相互の関連を考えて発展させたり統合させたりする役割を果たす。

　したがって，各教育活動での道徳教育がその特質に応じて意図的，計画的に推進され，相互に関連が図られるとともに，道徳科において，各教育活動における道徳教育で養われた道徳性が調和的に生かされ，道徳科としての特質が押さえられた学習が計画的，発展的に行われることによって，生徒の道徳性は一層豊かに養われていく。

　また，学校における道徳教育は，生徒の発達の段階を踏まえて行われなければならない。その際，多くの生徒がその発達の段階に達するとされる年齢は目安として考えられるものであるが，生徒一人一人は違う個性をもった個人であるため，それぞれ能力・適性，興味・関心，性格等の特性等は異なっていることにも意を用いる必要がある。発達の段階を踏まえると，幼児期の指導から小学校，中学校へと，各学校段階における幼児，児童，生徒が見せる成長発達の様子やそれぞれの段階の実態等を考慮して指導を進めることとなる。その際，例えば，中学校の時期においては，3学年間の発達の段階を考慮するとともに，特に中学校に入学

して間もない時期には小学校高学年段階における指導との接続を意識しつつ，また学年が上がるにつれて高等学校等における人間としての在り方生き方に関する教育への見通しをもって，それぞれの段階にふさわしい指導の目標を明確にし，指導内容や指導方法を生かして，計画的に進めることになる。しかし，この捉え方だけでは十分とは言えない。道徳科においては，発達の段階を前提としつつも，指導内容や指導方法を考える上では，個々人としての特性等から捉えられる個人差に配慮することも重要となる。生徒の実態を把握し，指導内容，指導方法を決定してこそ，適切に指導を行うことが可能となる。

【参考】各教科等における道徳教育（中学校学習指導要領解説総則編より抜粋）
第6節　道徳教育推進上の配慮事項
1　道徳教育の指導体制と全体計画
(4)　各教科等における道徳教育
　　各教科等における道徳教育を行う際には，次のような配慮をすることが求められる。
　ア　国語科
　　　国語で正確に理解したり適切に表現したりする資質・能力を育成する上で，社会生活における人との関わりの中で伝え合う力を高めることは，学校の教育活動全体で道徳教育を進めていくための基盤となるものである。また，思考力や想像力を養うこと及び言語感覚を豊かにすることは，道徳的心情や道徳的判断力を養う基本になる。さらに，我が国の言語文化に関わり，国語を尊重してその能力の向上を図る態度を養うことは，伝統と文化を尊重し，それらを育んできた我が国と郷土を愛することなどにつながるものである。
　　　教材選定の観点として，道徳性の育成に資する項目を国語科の特質に応じて示している。
　イ　社会科
　　　多面的・多角的な考察や深い理解を通して涵養される我が国の国土や歴史に対する愛情は，伝統と文化を尊重し，それらを育んできた我が国と郷土を愛することなどにつながるものである。また，国民主権を担う公民として，自国を愛し，その平和と繁栄を図ることや，他国や他国の文化を尊重することの大切さについての自覚などを深め，自由・権利と責任・義務との関係を広い視野から正しく認識し，権利・義務の主体者として公正に判断しようとする力など，グローバル化する国際社会に主体的に生きる平和で民主的な国家及び社会の形成者に必要な公民としての資質・能力の基礎を育成することは，道徳教育の要としての「道徳科」の第2のCの［社会参画，公共の精神］に示された「社会参画の意識と社会連帯の自覚を高め，公共の精神をもってよりよい社会生活の実現に努めること」などと密接な関わりをもつものである。

ウ 数学科

数学科の目標にある「数学を活用して事象を論理的に考察する力」,「数量や図形などの性質を見いだし統合的・発展的に考察する力」,「数学的な表現を用いて事象を簡潔・明瞭・的確に表現する力」を高めることは,道徳的判断力の育成にも資するものである。また,数学的活動の楽しさや数学のよさを実感して粘り強く考え,数学を生活や学習に生かそうとする態度を養うことは,工夫して生活や学習をしようとする態度を養うことにも資するものである。

エ 理科

自然の事物・現象を調べる活動を通して,生物相互の関係や自然界のつり合いについて考えさせ,自然と人間との関わりを認識させることは,生命を尊重し,自然環境の保全に寄与する態度の育成につながるものである。また,見通しをもって観察,実験を行うことや,科学的に探究する力を育て,科学的に探究しようとする態度を養うことは,道徳的判断力や真理を大切にしようとする態度の育成にも資するものである。

オ 音楽科

音楽を愛好する心情や音楽に対する感性は,美しいものや崇高なものを尊重することにつながるものである。また,音楽による豊かな情操は,道徳性の基盤を養うものである。

なお,音楽科で取り扱う共通教材は,我が国の自然や四季の美しさを感じ取れるもの,我が国の文化や日本語のもつ美しさを味わえるものなどを含んでおり,道徳的心情の育成に資するものである。

カ 美術科

美術科の目標においては,「表現及び鑑賞の幅広い活動を通して,造形的な見方・考え方を働かせ,生活や社会の中の美術や美術文化と豊かに関わる資質・能力を次のとおり育成することを目指す。」とし,(3)の「学びに向かう力,人間性等」に関する目標に「美術の創造活動の喜びを味わい,美術を愛好する心情を育み,感性を豊かにし,心豊かな生活を創造していく態度を養い,豊かな情操を培う。」と示している。

キ 保健体育科

体育分野における様々な運動の経験を通して,粘り強くやり遂げる,ルールを守る,集団に参加し協力する,一人一人の違いを大切にするといった態度が養われる。また,健康・安全についての理解は,生活習慣の大切さを知り,自分の生活を見直すことにつながるものである。

ク 技術・家庭科

生活を工夫し創造する資質・能力を身に付けることは,望ましい生活習慣を身に付けるとともに,勤労の尊さや意義を理解することにつながるものである。また,進んで生活を工夫し創造しようとする資質・能力を育てることは,家族への敬愛の念を深めるとともに,家庭や地域社会の一員としての自覚をもって自分の生き方を考え,生活や社会をよりよくしようとすることにつながるものである。

ケ 外国語科

外国語科においては,第1の目標(3)として「外国語の背景にある文化に対する理解を深め,聞き手,読み手,話し手,書き手に配慮しながら,主体的に外国語を用いてコミュ

ニケーションを図ろうとする態度を養う」と示している。「外国語の背景にある文化に対する理解を深め」ることは、世界の中の日本人としての自覚をもち、国際的視野に立って、世界の平和と人類の幸福に貢献することにつながるものである。また、「聞き手、読み手、話し手、書き手に配慮」することは、外国語の学習を通して、他者を配慮し受け入れる寛容の精神や平和・国際貢献などの精神を獲得し、多面的思考ができるような人材を育てることにつながる。

コ　総合的な学習の時間

総合的な学習の時間においては、目標を「探究的な見方・考え方を働かせ横断的・総合的な学習を行うことを通して、よりよく課題を解決し、自己の生き方を考えていくための資質・能力を次のとおり育成する」とし、育成を目指す資質・能力の三つの柱を示している。

総合的な学習の時間の内容は、各学校で定めるものであるが、目標を実現するにふさわしい探究課題については、例えば、国際理解、情報、環境、福祉・健康などの現代的な諸課題に対応する横断的・総合的な課題、地域や学校の特色に応じた課題、生徒の興味・関心に基づく課題、職業や自己の将来に関する課題などを踏まえて設定することが考えられる。生徒が、横断的・総合的な学習を探究的な見方・考え方を働かせて行うことを通して、このような現代社会の課題などに取り組み、これらの学習が自己の生き方を考えることにつながっていくことになる。

また、探究課題の解決を通して育成を目指す資質・能力については、主体的に判断して学習活動を進めたり、粘り強く考え解決しようとしたり、自己の目標を実現しようとしたり、他者と協調して生活しようとしたりする資質・能力を育てることも重要であり、このような資質・能力の育成は道徳教育につながるものである。

サ　特別活動

特別活動における学級や学校生活における集団活動や体験的な活動は、日常生活における道徳的な実践の指導を行う重要な機会と場であり、特別活動が道徳教育に果たす役割は大きい。特別活動の目標には、「集団活動に自主的、実践的に取り組み」「互いのよさや可能性を発揮」「集団や自己の生活上の課題を解決」など、道徳教育でもねらいとする内容が含まれている。また、目指す資質・能力には、「多様な他者との協働」「人間関係」「人間としての生き方」「自己実現」など、道徳教育がねらいとする内容と共通している面が多く含まれており、道徳教育において果たすべき役割は極めて大きい。

具体的には、例えば、自他の個性や立場を尊重しようとする態度、義務を果たそうとする態度、よりよい人間関係を深めようとする態度、社会に貢献しようとする態度、自分たちで約束をつくって守ろうとする態度、より高い目標を設定し諸問題を解決しようとする態度、自己のよさや可能性を大切にして集団活動を行おうとする態度などは、集団活動を通して身に付けたい道徳性である。

学級活動の内容(1)の「学級や学校における生活づくりへの参画」は、学級や学校の生活上の諸課題を見いだし、これを自主的に取り上げ、協力して課題解決していく自発的、自治的な活動である。このような生徒による自発的、自治的な活動によって、よりよい人間関係の形成や生活づくりに参画する態度などに関わる道徳性を身に付けることができ

る。

　また，学級活動の内容(2)の「日常の生活や学習への適応と自己の成長及び健康安全」では，自他の個性の理解と尊重，よりよい人間関係の形成，男女相互の理解と協力，思春期の不安や悩みの解決，性的な発達への対応，心身ともに健康で安全な生活態度や習慣の形成，食育の観点を踏まえた学校給食と望ましい食習慣の形成を示している。さらに学級活動の内容(3)の「一人一人のキャリア形成と自己実現」では，社会生活，職業生活との接続を踏まえた主体的な学習態度の形成と学校図書館等の活用，社会参画意識の醸成や勤労観・職業観の形成を示している。これらのことについて，自らの生活を振り返り，自己の目標を定め，粘り強く取り組み，よりよい生活態度を身に付けようとすることは，道徳性の育成に密接な関わりをもっている。

　生徒会活動においては，全校の生徒が学校におけるよりよい生活を築くために，問題を見いだし，これを自主的に取り上げ，協力して課題解決していく自発的，自治的な活動を通して，異年齢によるよりよい人間関係の形成やよりよい学校生活づくりに参画する態度などに関わる道徳性を身に付けることができる。

　学校行事においては，特に，職場体験活動やボランティア精神を養う活動などの社会体験や自然体験，幼児児童，高齢者や障害のある人々などとの触れ合いや文化や芸術に親しむ体験を通して，よりよい人間関係の形成，自律的態度，心身の健康，協力，責任，公徳心，勤労，社会奉仕などに関わる道徳性の育成を図ることができる。

第2節　道徳科の目標

(「第3章　特別の教科　道徳」の「第1　目標」)
　第1章総則の第1の2の(2)に示す道徳教育の目標に基づき，よりよく生きるための基盤となる道徳性を養うため，道徳的諸価値についての理解を基に，自己を見つめ，物事を広い視野から多面的・多角的に考え，人間としての生き方についての考えを深める学習を通して，道徳的な判断力，心情，実践意欲と態度を育てる。

　道徳科が目指すものは，学校の教育活動全体を通じて行う道徳教育の目標と同様によりよく生きるための基盤となる道徳性を養うことである。その中で，道徳科が学校の教育活動全体を通じて行う道徳教育の要としての役割を果たすことができるよう，計画的，発展的な指導を行うことが重要である。特に，各教科，総合的な学習の時間及び特別活動における道徳教育としては取り扱う機会が十分でない道徳的価値に関わる指導を補うことや，生徒や学校の実態等を踏まえて指導をより一層深めること，相互の関連を捉え直したり発展させたりすることに留意して指導することが求められる。道徳教育の要となる道徳科の目標は，道徳性を養うために重視すべきより具体的な資質・能力とは何かを明確にし，生徒の発達の段階を踏まえて計画的な指導を充実する観点から規定されたものである。その際，道徳的価値や人間としての生き方についての自覚を深め，道徳的実践につなげていくことができるようにすることが求められる。

　また，各教科，総合的な学習の時間及び特別活動では，それぞれの目標に基づいて教育活動が行われる。これら各教科等で行われる道徳教育は，それぞれの特質に応じた計画によってなされるものであり，道徳的価値の全体にわたって行われるものではない。このことに留意し，道徳教育の要である道徳科の目標と特質を捉えることが大切である。

　なお，道徳科の授業では，特定の価値観を生徒に押し付けたり，主体性をもたずに言われるままに行動するよう指導したりすることは，道徳教育の目指す方向の対極にあるものと言わなければならない。多様な価値観の，時に対立がある場合を含めて，自立した個人として，また，国家・社会の形成者としてよりよく生きるために道徳的価値に向き合い，いかに生きるべきかを自ら考え続ける姿勢こそ道徳教育が求めるものである。

第2章 道徳教育の目標

● 1　道徳教育の目標に基づいて行う

　道徳教育は学校の教育活動全体を通じて行う教育活動であり，その目標は，学習指導要領第1章総則の第1の2の(2)に以下のように示している。
　「道徳教育は，教育基本法及び学校教育法に定められた教育の根本精神に基づき，人間としての生き方を考え，主体的な判断の下に行動し，自立した人間として他者と共によりよく生きるための基盤となる道徳性を養うことを目標とする」
　道徳科も学校の教育活動であり，道徳科を要とした道徳教育が目指すものは，特に教育基本法に示された「人格の完成を目指し，平和で民主的な国家及び社会の形成者として必要な資質を備えた心身ともに健康な国民の育成」（第1条）であり，「幅広い知識と教養を身に付け，真理を求める態度を養い，豊かな情操と道徳心を培うとともに，健やかな身体を養う」（第2条第1号）こと，「個人の価値を尊重して，その能力を伸ばし，創造性を培い，自主及び自律の精神を養うとともに，職業及び生活との関連を重視し，勤労を重んずる態度を養う」（同条第2号）こと，「正義と責任，男女の平等，自他の敬愛と協力を重んずるとともに，公共の精神に基づき，主体的に社会の形成に参画し，その発展に寄与する態度を養う」（同条第3号）こと，「生命を尊び，自然を大切にし，環境の保全に寄与する態度を養う」（同条第4号）こと，「伝統と文化を尊重し，それらをはぐくんできた我が国と郷土を愛するとともに，他国を尊重し，国際社会の平和と発展に寄与する態度を養う」（同条第5号）ことにつながるものでなければならない。
　そして，主体的な判断に基づいて道徳的実践を行い，自立した人間として他者と共によりよく生きるための基盤となる道徳性を養うことが道徳科の目標である。このことは各教科等における道徳教育でも同様であり，道徳科がどのように道徳性を養うのかは，以下の具体的な目標によるところである。

● 2　道徳的諸価値についての理解を基にする

　道徳的価値とは，よりよく生きるために必要とされるものであり，人間としての在り方や生き方の礎となるものである。学校教育においては，これらのうち発達の段階を考慮して，生徒一人一人が道徳的価値観を形成する上で必要なものを内容項目として取り上げている。生徒が今後，様々な問題場面に出会った際に，その状況に応じて自己の生き方を考え，主体的な判断に基づいて道徳的実践を行うためには，道徳的価値の意義及びその大切さの理解が必要になる。
　道徳的価値について理解するとは，発達の段階に応じて多様に考えられるが，一般的には，道徳的価値の意味を捉えること，またその意味を明確にしていくこ

とである。思春期にかかる中学生の発達の段階においては，ふだんの生活においては分かっていると信じて疑わない様々な道徳的価値について，学校や家庭，地域社会における様々な体験，道徳科における教材との出会いやそれに基づく他者との対話などを手掛かりとして自己との関わりを問い直すことによって，そこから本当の理解が始まるのである。また，時には複数の道徳的価値が対立する場面にも直面する。その際，生徒は，時と場合，場所などに応じて，複数の道徳的価値の中から，どの価値を優先するのかの判断を迫られることになる。その際の心の葛藤や揺れ，また選択した結果などから，道徳的諸価値への理解が始まることもある。このようなことを通して，道徳的諸価値が人間としてのよさを表すものであることに気付き，人間尊重の精神と生命に対する畏敬の念に根ざした自己理解や他者理解，人間理解，自然理解へとつながっていくようにすることが求められる。

　道徳科の中で道徳的価値の理解のための指導をどのように行うのかは，授業者の意図や工夫によるが，自立した人間として他者と共によりよく生きるための基盤となる道徳性を養うには，道徳的価値について理解する学習を欠くことはできない。また，指導の際には，特定の道徳的価値を絶対的なものとして指導したり，本来実感を伴って理解すべき道徳的価値のよさや大切さを観念的に理解させたりする学習に終始することのないように配慮することが大切である。

●3　自己を見つめ，物事を広い視野から多面的・多角的に考え，人間としての生き方についての考えを深める

　道徳科において，後に示されている道徳的な判断力，心情，実践意欲と態度を育てるため，ここでは，学習を進めていく上で留意すべき諸側面を明示している。すなわち，道徳科の学習を進めるに当たっては，その特質を踏まえて，自己を見つめ，物事を広い視野から多面的・多角的に考え，人間としての生き方について考えを深める学習に意を用いる必要がある。ただし，こうした諸側面は，道徳科における一連の学習過程として形式的・固定的に捉えられるべきものではない。要は，道徳的価値や人間としての生き方についての自覚を深め，道徳的実践につなげていくことができるようにその学習内容や方法を構想していくことが求められる。

(1) 自己を見つめる

　道徳性の発達の出発点は，自分自身である。中学生の頃から，様々な葛藤や経験の中で，自分を見つめ，自分の生き方を模索するようになる。感情や衝動の赴

くままに行動し，自分の弱さに自己嫌悪を感じることもあるであろうし，逆に，理想や本来の自分の姿を追い求め，大きく前進しようとすることもある。中学生は，そのような大きく，激しい心の揺れを経験しながら，自己を確立していく大切な時期にある。

　中学校段階では，小学校において育成される道徳性の基礎を踏まえ，よりよく生きる上で大切なものは何か，自分はどのように生きるべきかなどについて，時には悩み，葛藤しつつ，生徒自身が，自己を見つめることによって，徐々に自ら人間としての生き方を育んでいくことが可能となる。したがって，様々な道徳的価値について，自分との関わりも含めて理解し，それに基づいて内省することが求められる。その際には，真摯に自己と向き合い，自分との関わりで改めて道徳的価値を捉え，一個のかけがえのない人格としてその在り方や生き方など自己理解を深めていく必要がある。また，自分自身が人間としてよりよく生きていく上で道徳的価値を自分なりに発展させていくことへの思いや課題に気付き，自己や社会の未来に夢や希望がもてるようにすることも大切である。

(2) 物事を広い視野から多面的・多角的に考える

　グローバル化が進展する中で，様々な文化や価値観を背景とする人々と相互に尊重し合いながら生きることや，科学技術の発達や社会・経済の変化の中で，人間の幸福と社会の発展の調和的な実現を図ることが一層重要な課題となる。こうした課題に対応していくためには，人としての生き方や社会の在り方について，多様な価値観の存在を前提にして，他者と対話し協働しながら，物事を広い視野から多面的・多角的に考察することが求められる。

　この部分は，生徒一人一人の道徳的価値に係る諸事象を，小・中学校の段階を含めたこれまでの道徳科を要とする各教科等における学習の成果や，「主として自分自身に関すること」，「主として人との関わりに関すること」，「主として集団や社会との関わりに関すること」，「主として生命や自然，崇高なものとの関わりに関すること」の四つの視点を踏まえ，多面的・多角的に考察する学習を意味している。とりわけ，諸事象の背景にある道徳的諸価値の多面性に着目させ，それを手掛かりにして考察させて，様々な角度から総合的に考察することの大切さや，いかに生きるかについて主体的に考えることの大切さに気付かせることが肝要である。それは，物事の本質を考え，そこに内在する道徳的諸価値を見極めようとする力にも通じるものである。

(3) 人間としての生き方についての考えを深める

　中学生の時期は，人生に関わるいろいろな問題についての関心が高くなり，人生の意味をどこに求め，いかによりよく生きるかという人間としての生き方を主体的に模索し始める時期である。人間にとって最大の関心は，人生の意味をどこに求め，いかによりよく生きるかということにあり，道徳はこのことに直接関わるものである。

　そもそも人生は，誰かに任せることができるものではない。誰かの人生ではなく一人一人が自分自身の人生として引き受けなければならない。他者や社会，周囲の世界の中でその影響を受けつつ，自分を深く見つめ，在るべき自分の姿を描きながら生きていかなければならない。その意味で，人間は，自らの生きる意味や自己の存在価値に関わることについては，全人格をかけて取り組むのである。

　また，人間としての生き方についての自覚は，人間とは何かということについての探求とともに深められるものである。生き方についての探求は，人間とは何かという問いから始まると言ってもよい。人間についての深い理解なしに，生き方についての深い自覚が生まれるはずはないのである。言い換えれば，人間についての深い理解と，これを鏡として行為の主体としての自己を深く見つめることとの接点に，生き方についての深い自覚が生まれていく。そのことが，主体的な判断に基づく適切な行為の選択や，よりよく生きていこうとする道徳的実践へつながっていくこととなる。

　このような視点に立って，生徒が人間としての生き方について考えを深められるように様々な指導方法の工夫をしていく必要がある。

●4　道徳的な判断力，心情，実践意欲と態度を育てる

　道徳性とは，人間としてよりよく生きようとする人格的特性であり，道徳性を構成する諸様相である道徳的判断力，道徳的心情，道徳的実践意欲と態度を養うことを求めている。これらの道徳性の諸様相は，それぞれが独立した特性ではなく，相互に深く関連しながら全体を構成しているものである。したがって，これらの諸様相が全体として密接な関連をもつように指導することが大切である。道徳科においては，これらの諸様相について調和を保ちながら，計画的，発展的に指導することが重要である。

　道徳的判断力は，それぞれの場面において善悪を判断する能力である。つまり，人間として生きるために道徳的価値が大切なことを理解し，様々な状況下において人間としてどのように対処することが望まれるかを判断する力である。的確な道徳的判断力をもつことによって，それぞれの場面において機に応じた道徳的行

為が可能になる。

　道徳的心情は，道徳的価値の大切さを感じ取り，善を行うことを喜び，悪を憎む感情のことである。人間としてのよりよい生き方や善を志向する感情であるとも言える。それは，道徳的行為への動機として強く作用するものである。

　道徳的実践意欲と態度は，道徳的判断力や道徳的心情によって価値があるとされた行動をとろうとする傾向性を意味する。道徳的実践意欲は，道徳的判断力や道徳的心情を基盤とし道徳的価値を実現しようとする意志の働きであり，道徳的態度は，それらに裏付けられた具体的な道徳的行為への身構えと言うことができる。

　これらの道徳性の諸様相には，特に序列や段階があるということではない。一人一人の生徒が道徳的価値を自覚し，人間としての生き方について深く考え，日常生活や今後出会うであろう様々な場面及び状況において，道徳的価値を実現するための適切な行為を主体的に選択し，実践することができるような内面的資質を意味している。

　道徳性を養うことを目的とする道徳科においては，その目標を十分に理解して，教師の一方的な押し付けや単なる生活経験の話合いなどに終始することのないように特に留意し，それにふさわしい指導の計画や方法を講じ，指導の効果を高める工夫をすることが大切である。

　道徳性は，徐々に，しかも，着実に養われることによって，潜在的，持続的な作用を行為や人格に及ぼすものであるだけに，長期的展望と綿密な計画に基づいた丹念な指導がなされ，道徳的実践につなげていこくとができるようにすることが求められる。

第3章 道徳科の内容

第1節 内容の基本的性格

(「第3章 特別の教科 道徳」の「第2 内容」)
　学校の教育活動全体を通じて行う道徳教育の要である道徳科においては，以下に示す項目について扱う。

1 内容構成の考え方

　道徳科の内容について，学習指導要領第3章の「第2　内容」では，上記のように示した上で，各項目（以下「内容項目」という。）を示している。

(1) 内容の捉え方

　学習指導要領第3章の「第2　内容」は，教師と生徒が人間としてのよりよい生き方を求め，共に考え，共に語り合い，その実行に努めるための共通の課題である。学校の教育活動全体の中で，様々な場や機会を捉え，多様な方法によって進められる学習を通して，生徒自らが調和的な道徳性を養うためのものである。それらは，教育活動全体を通じて行われる道徳教育の要としての道徳科はもとより，全教育活動において，指導されなければならない。

　ここに挙げられている内容項目は，中学校の3学年間に生徒が人間として他者と共によりよく生きていく上で学ぶことが必要と考えられる道徳的価値を含む内容を，短い文章で平易に表現したものである。また，内容項目ごとにその内容を端的に表す言葉を付記している。これらの内容項目は，生徒自らが道徳性を養うための手掛かりとなるものである。なお，その指導に当たっては，内容を端的に表す言葉そのものを教え込んだり，知的な理解にのみとどまる指導になったりすることがないよう十分留意する必要がある。

　したがって，各内容項目を生徒の実態を基に把握し直し，指導上の課題を具体的に捉え，生徒自身が道徳的諸価値についての理解を基に，自己を見つめ，物事を広い視野から多面的・多角的に考え，人間としての生き方についての考えを深めることができるよう，実態に応じた指導をしていくことが大切である。このように道徳的価値の自覚を深める指導を通して，生徒自らが成長を実感したり，これからの課題や目標を見付けたりして，人間としての生き方についての考えを深める学習ができるよう工夫する必要がある。

(2) 四つの視点

「第2 内容」は，道徳教育の目標を達成するために指導すべき内容項目を以下の四つの視点に分けて示している。その視点から内容項目を分類整理し，内容の全体構成及び相互の関連性と発展性を明確にしている。

 A 主として自分自身に関すること
 B 主として人との関わりに関すること
 C 主として集団や社会との関わりに関すること
 D 主として生命や自然，崇高なものとの関わりに関すること

私たちは様々な関わりの中で生存し，その関わりにおいて様々な側面から道徳性を発現させ，身に付け，人格を形成する。

「A 主として自分自身に関すること」は，自己の在り方を自分自身との関わりで捉え，望ましい自己の形成を図ることに関するものである。「B 主として人との関わりに関すること」は，自己を人との関わりにおいて捉え，望ましい人間関係の構築を図ることに関するものである。「C 主として集団や社会との関わりに関すること」は，自己を様々な社会集団や郷土，国家，国際社会との関わりにおいて捉え，国際社会と向き合うことが求められている我が国に生きる日本人としての自覚に立ち，平和で民主的な国家及び社会の形成者として必要な道徳性を養うことに関するものである。「D 主として生命や自然，崇高なものとの関わりに関すること」は，自己を生命や自然，美しいもの，気高いもの，崇高なものとの関わりにおいて捉え，人間としての自覚を深めることに関するものである。

この四つの視点は，相互に深い関連をもっている。例えば，自律的な人間であるためには，Aの視点の内容が基盤となって，他の三つの視点の内容に関わり，再びAの視点に戻ることが必要になる。また，Bの視点の内容が基盤となってCの視点の内容に発展する。さらに，A及びBの視点から自己の在り方を深く自覚すると，Dの視点がより重要になる。そして，Dの視点からCの視点の内容を捉えることにより，その理解は一層深められる。

したがって，このような関連を考慮しながら，四つの視点に含まれる全ての内容項目について適切に指導しなければならない。

(3) 生徒の発達的特質に応じた内容構成の重点化

道徳科の内容項目は，22項目にまとめられている。

中学校の段階は，小学校の段階よりも心身両面にわたる発達が著しく，他者との連帯を求めると同時に自我の確立を求め，自己の生き方についての関心が高まる時期であり，やがて人生観や世界観ないし価値観を模索し確立する基礎を培う

高等学校生活等につながっていく。中学校の道徳の内容項目は，このような中学生の発達的特質を考慮し，自ら考え行動する主体の育成を目指した効果的な指導を行う観点から，重点的に示したものである。なお，一人一人の生徒は必ずしも同一の発達をしているわけではないため，生徒を指導するに当たっては画一的な方法を採ることなく，生徒一人一人を考慮し，多面的に深く理解するように配慮しなければならない。

2 内容の取扱い方

第2に示す内容項目は，関連的，発展的に捉え，年間指導計画の作成や指導に際して重点的な扱いを工夫することで，その効果を高めることができる。

(1) 関連的，発展的な取扱いの工夫

ア　関連性をもたせる

　　指導内容を構成する際のよりどころは，基本的には22の項目であるが，必ずしも各内容項目を一つずつ主題として設定しなければならないということではない。内容項目を熟知した上で，各学校の実態，特に生徒の実態に即して，生徒の人間的な成長をどのように図り，どのように道徳性を養うかという観点から，幾つかの内容を関連付けて指導することが考えられる。

　　その際，内容の関連性を踏まえた配慮と工夫が求められる。少なくとも，適切なねらいを設定して主題を構成し，焦点が不明確な指導にならないようにする必要がある。道徳科の指導に当たっては，内容項目間の関連を十分に考慮したり，指導の順序を工夫したりして，生徒の実態に応じた適切な指導を行うことが大切である。そして，全ての内容項目が調和的に関わり合いながら，生徒の道徳性が養われるように工夫する必要がある。

イ　発展性を考慮する

　　道徳科の1時間1時間は単発的なものではなく，年間を通して発展的に指導されなくてはならない。特に，必要な内容項目を重点的にあるいは繰り返して取り上げる場合には，それまでの指導を踏まえて，一層深められるような配慮と工夫が求められる。また，同じ内容項目を指導する際には，前年度の指導を本年度や次年度の指導の中に発展させることも大切である。

(2) 各学校における重点的指導の工夫

各学校においては，生徒や学校の実態などを考慮し目標を設定し，重点的指導を工夫することが大切である。重点的指導とは，各内容項目の充実を図る中で，

各学校として更に重点的に指導したい内容項目をその中から選び，多様な指導を工夫することによって，内容項目全体の指導を一層効果的に行うことである。

　道徳科においては，内容項目について３学年間を見通した重点的指導を工夫することが大切である。そのためには，道徳科の年間指導計画の作成において，当該の内容項目全体の指導を考慮しながら，重点的に指導しようとする内容項目についての扱いを工夫しなければならない。例えば，その内容項目に関する指導について年間の授業時数を多く取ることや，一つの内容項目を何回かに分けて指導すること，幾つかの内容項目を関連付けて指導することなどが考えられる。このような工夫を通して，より生徒の実態に応じた適切な指導を行う必要がある。

第3章
道徳科の
内容

第2節　内容項目の指導の観点

「第2　内容」に示されている内容項目は、その全てが道徳科を要として学校の教育活動全体を通じて行われる道徳教育における学習の基本となるものである。それぞれの内容項目の発展性や特質及び生徒の発達の段階などを全体にわたって理解し、生徒が主体的に道徳性を養うことができるようにしていく必要がある。

	小学校第1学年及び第2学年（19）	小学校第3学年及び第4学年（20）
A　主として自分自身に関すること		
善悪の判断、自律、自由と責任	(1) よいことと悪いこととの区別をし、よいと思うことを進んで行うこと。	(1) 正しいと判断したことは、自信をもって行うこと。
正直、誠実	(2) うそをついたりごまかしをしたりしないで、素直に伸び伸びと生活すること。	(2) 過ちは素直に改め、正直に明るい心で生活すること。
節度、節制	(3) 健康や安全に気を付け、物や金銭を大切にし、身の回りを整え、わがままをしないで、規則正しい生活をすること。	(3) 自分でできることは自分でやり、安全に気を付け、よく考えて行動し、節度のある生活をすること。
個性の伸長	(4) 自分の特徴に気付くこと。	(4) 自分の特徴に気付き、長所を伸ばすこと。
希望と勇気、努力と強い意志	(5) 自分のやるべき勉強や仕事をしっかりと行うこと。	(5) 自分でやろうと決めた目標に向かって、強い意志をもち、粘り強くやり抜くこと。
真理の探究		
B　主として人との関わりに関すること		
親切、思いやり	(6) 身近にいる人に温かい心で接し、親切にすること。	(6) 相手のことを思いやり、進んで親切にすること。
感謝	(7) 家族など日頃世話になっている人々に感謝すること。	(7) 家族など生活を支えてくれている人々や現在の生活を築いてくれた高齢者に、尊敬と感謝の気持ちをもって接すること。
礼儀	(8) 気持ちのよい挨拶、言葉遣い、動作などに心掛けて、明るく接すること。	(8) 礼儀の大切さを知り、誰に対しても真心をもって接すること。
友情、信頼	(9) 友達と仲よくし、助け合うこと。	(9) 友達と互いに理解し、信頼し、助け合うこと。
相互理解、寛容		(10) 自分の考えや意見を相手に伝えるとともに、相手のことを理解し、自分と異なる意見も大切にすること。
C　主として集団や社会との関わりに関すること		
規則の尊重	(10) 約束やきまりを守り、みんなが使う物を大切にすること。	(11) 約束や社会のきまりの意義を理解し、それらを守ること。
公正、公平、社会正義	(11) 自分の好き嫌いにとらわれないで接すること。	(12) 誰に対しても分け隔てをせず、公正、公平な態度で接すること。
勤労、公共の精神	(12) 働くことのよさを知り、みんなのために働くこと。	(13) 働くことの大切さを知り、進んでみんなのために働くこと。
家族愛、家庭生活の充実	(13) 父母、祖父母を敬愛し、進んで家の手伝いなどをして、家族の役に立つこと。	(14) 父母、祖父母を敬愛し、家族みんなで協力し合って楽しい家庭をつくること。
よりよい学校生活、集団生活の充実	(14) 先生を敬愛し、学校の人々に親しんで、学級や学校の生活を楽しくすること。	(15) 先生や学校の人々を敬愛し、みんなで協力し合って楽しい学級や学校をつくること。
伝統と文化の尊重、国や郷土を愛する態度	(15) 我が国や郷土の文化と生活に親しみ、愛着をもつこと。	(16) 我が国や郷土の伝統と文化を大切にし、国や郷土を愛する心をもつこと。
国際理解、国際親善	(16) 他国の人々や文化に親しむこと。	(17) 他国の人々や文化に親しみ、関心をもつこと。
D　主として生命や自然、崇高なものとの関わりに関すること		
生命の尊さ	(17) 生きることのすばらしさを知り、生命を大切にすること。	(18) 生命の尊さを知り、生命あるものを大切にすること。
自然愛護	(18) 身近な自然に親しみ、動植物に優しい心で接すること。	(19) 自然のすばらしさや不思議さを感じ取り、自然や動植物を大切にすること。
感動、畏敬の念	(19) 美しいものに触れ、すがすがしい心をもつこと。	(20) 美しいものや気高いものに感動する心をもつこと。
よりよく生きる喜び		

以下では，その際，特に留意すべき事柄や，生徒の実態等に応じて指導をする際に参考としたい考え方等について整理している。

　なお，内容の記述に当たっては，その内容項目を概観するとともに，内容項目の全体像を把握することにも資するよう，その内容を端的に表す言葉を付記したものを見出しにして，内容項目ごとの概要，指導の要点を示している。また，参考として関連する小学校の内容項目についても示している。

小学校第5学年及び第6学年（22）	中学校（22）	
A　主として自分自身に関すること		
（1）自由を大切にし，自律的に判断し，責任のある行動をすること。 （2）誠実に，明るい心で生活すること。	（1）自律の精神を重んじ，自主的に考え，判断し，誠実に実行してその結果に責任をもつこと。	自主，自律， 自由と責任
（3）安全に気を付けることや，生活習慣の大切さについて理解し，自分の生活を見直し，節度を守り節制に心掛けること。	（2）望ましい生活習慣を身に付け，心身の健康の増進を図り，節度を守り節制に心掛け，安全で調和のある生活をすること。	節度，節制
（4）自分の特徴を知って，短所を改め長所を伸ばすこと。	（3）自己を見つめ，自己の向上を図るとともに，個性を伸ばして充実した生き方を追求すること。	向上心，個性の伸長
（5）より高い目標を立て，希望と勇気をもち，困難があってもくじけずに努力して物事をやり抜くこと。	（4）より高い目標を設定し，その達成を目指し，希望と勇気をもち，困難や失敗を乗り越えて着実にやり遂げること。	希望と勇気， 克己と強い意志
（6）真理を大切にし，物事を探究しようとする心をもつこと。	（5）真実を大切にし，真理を探究して新しいものを生み出そうと努めること。	真理の探究，創造
B　主として人との関わりに関すること		
（7）誰に対しても思いやりの心をもち，相手の立場に立って親切にすること。 （8）日々の生活が家族や過去からの多くの人々の支え合いや助け合いで成り立っていることに感謝し，それに応えること。	（6）思いやりの心をもって人と接するとともに，家族などの支えや多くの人々の善意により日々の生活や現在の自分があることに感謝し，進んでそれに応え，人間愛の精神を深めること。	思いやり，感謝
（9）時と場をわきまえて，礼儀正しく真心をもって接すること。	（7）礼儀の意義を理解し，時と場に応じた適切な言動をとること。	礼儀
（10）友達と互いに信頼し，学び合って友情を深め，異性についても理解しながら，人間関係を築いていくこと。	（8）友情の尊さを理解して心から信頼できる友達をもち，互いに励まし合い，高め合うとともに，異性についての理解を深め，悩みや葛藤も経験しながら人間関係を深めていくこと。	友情，信頼
（11）自分の考えや意見を相手に伝えるとともに，謙虚な心をもち，広い心で自分と異なる意見や立場を尊重すること。	（9）自分の考えや意見を相手に伝えるとともに，それぞれの個性や立場を尊重し，いろいろなものの見方や考え方があることを理解し，寛容の心をもって謙虚に他に学び，自らを高めていくこと。	相互理解，寛容
C　主として集団や社会との関わりに関すること		
（12）法やきまりの意義を理解した上で進んでそれらを守り，自他の権利を大切にし，義務を果たすこと。	（10）法やきまりの意義を理解し，それらを進んで守るとともに，そのよりよい在り方について考え，自他の権利を大切にし，義務を果たして，規律ある安定した社会の実現に努めること。	遵法精神，公徳心
（13）誰に対しても差別をすることや偏見をもつことなく，公正，公平な態度で接し，正義の実現に努めること。	（11）正義と公正さを重んじ，誰に対しても公平に接し，差別や偏見のない社会の実現に努めること。	公正，公平，社会正義
（14）働くことや社会に奉仕することの充実感を味わうとともに，その意義を理解し，公共のために役に立つことをすること。	（12）社会参画の意識と社会連帯の自覚を高め，公共の精神をもってよりよい社会の実現に努めること。	社会参画，公共の精神
	（13）勤労の尊さや意義を理解し，将来の生き方について考えを深め，勤労を通じて社会に貢献すること。	勤労
（15）父母，祖父母を敬愛し，家族の幸せを求めて，進んで役に立つことをすること。	（14）父母，祖父母を敬愛し，家族の一員としての自覚をもって充実した家庭生活を築くこと。	家族愛，家庭生活の充実
（16）先生や学校の人々を敬愛し，みんなで協力し合ってよりよい学級や学校をつくるとともに，様々な集団の中での自分の役割を自覚して集団生活の充実に努めること。	（15）教師や学校の人々を敬愛し，学級や学校の一員としての自覚をもち，協力し合ってよりよい校風をつくるとともに，様々な集団の意義や集団の中での自分の役割と責任を自覚して集団生活の充実に努めること。	よりよい学校生活， 集団生活の充実
（17）我が国や郷土の伝統と文化を大切にし，先人の努力を知り，国や郷土を愛する心をもつこと。	（16）郷土の伝統と文化を大切にし，社会に尽くした先人や高齢者に尊敬の念を深め，地域社会の一員としての自覚をもって郷土を愛し，進んで郷土の発展に努めること。	郷土の伝統と文化の尊重， 郷土を愛する態度
	（17）優れた伝統の継承と新しい文化の創造に貢献するとともに，日本人としての自覚をもって国を愛し，国家及び社会の形成者として，その発展に努めること。	我が国の伝統と文化の尊重， 国を愛する態度
（18）他国の人々や文化について理解し，日本人としての自覚をもって国際親善に努めること。	（18）世界の中の日本人としての自覚をもち，他国を尊重し，国際的視野に立って，世界の平和と人類の発展に寄与すること。	国際理解，国際貢献
D　主として生命や自然，崇高なものとの関わりに関すること		
（19）生命が多くの生命のつながりの中にあるかけがえのないものであることを理解し，生命を尊重すること。	（19）生命の尊さについて，その連続性や有限性なども含めて理解し，かけがえのない生命を尊重すること。	生命の尊さ
（20）自然の偉大さを知り，自然環境を大切にすること。	（20）自然の崇高さを知り，自然環境を大切にすることの意義を理解し，進んで自然の愛護に努めること。	自然愛護
（21）美しいものや気高いものに感動する心や人間の力を超えたものに対する畏敬の念をもつこと。	（21）美しいものや気高いものに感動する心をもち，人間の力を超えたものに対する畏敬の念を深めること。	感動，畏敬の念
（22）よりよく生きようとする人間の強さや気高さを理解し，人間として生きる喜びを感じること。	（22）人間には自らの弱さや醜さを克服する強さや気高く生きようとする心があることを理解し，人間として生きることに喜びを見いだすこと。	よりよく生きる喜び

A 主として自分自身に関すること
1 自主，自律，自由と責任

> 自律の精神を重んじ，自主的に考え，判断し，誠実に実行してその結果に責任をもつこと。
>
> (小学校)〔善悪の判断，自律，自由と責任〕
> 〔第1学年及び第2学年〕よいことと悪いこととの区別をし，よいと思うことを進んで行うこと。
> 〔第3学年及び第4学年〕正しいと判断したことは，自信をもって行うこと。
> 〔第5学年及び第6学年〕自由を大切にし，自律的に判断し，責任のある行動をすること。
> (小学校)〔正直，誠実〕
> 〔第1学年及び第2学年〕うそをついたりごまかしをしたりしないで，素直に伸び伸びと生活すること。
> 〔第3学年及び第4学年〕過ちは素直に改め，正直に明るい心で生活すること。
> 〔第5学年及び第6学年〕誠実に，明るい心で生活すること。

(1) 内容項目の概要

「自律の精神を重んじ」るとは，他からの制御や命令を待つことなく，自分の内に自ら規律を作り，それに従って行動しようとする気持ちを大切にすることである。「自主的に考え，判断」するとは，他人の保護や干渉にとらわれずに，善悪に関わる物事などについて幾つかの選択肢の中から自分で最終的に決めることである。自律は，自分の内部に自ら規律を作ることに焦点があり，自主は，外部に対し自分の力で決定することに焦点がある。したがって，自主と自律は一体的に考えられることが多いのである。「誠実に実行」するとは，すがすがしい明るい心で，私利私欲を交えずに真心を込めて具体的な行為として行うことである。誠実は，自己を確立するための主徳であると言われ，Aの視点の内容項目だけでなく，他の視点の多くの内容項目にも関わる価値である。「その結果に責任をもつ」とは，ある行為により生じた自分が負うべき義務を良心的に忠実に果たすことである。責任とは，ある人の行為がある事態に対して原因となっているとされる場合，生じた結果に対して応答し，対処することである。したがって，行為者にその行為をする自由があることを前提としている。自由とは自らに由ることであり，自らの意志や判断で行動することである。自由な意志や判断に基づいた行動には責任が求められる。

自ら考え，判断し，実行し，自己の行為の結果に責任をもつことが道徳の基本である。したがって，深く考えずに多数派に付和雷同したり，責任を他人に転嫁したりするのではなく，自らの規範意識を高め，自らを律することができなければならない。どのような小さな行為でも，自分で考え，自分の意志で決定したものであるとの自覚に至れば，人間はその行為に対して責任をもつようになる。そ

こに，道徳的自覚に支えられた自律的な生き方が生まれ，自らの責任によって生きる自信が育ち，一個の人間としての誇りがもてるようになるのである。

(2) 指導の要点

小学校の段階では，特に高学年で自由と自分勝手との違いや，自由な考えや行動のもつ意味及びその大切さを実感できるように指導している。また，誠実については，自分自身に対してだけでなく，外に向けても誠実さを発揮するように指導している。

中学校の段階では，入学して間もない時期には，周囲を気にして他人の言動に左右されてしまうことも少なくない。学年が上がるにつれて，自我に目覚め，自主的に考え，行動することができるようになる。自由を求める傾向が強くなり，社会通念としての規範や今までの自分の価値観を捉え直そうとする時期でもある。しかし，一方では，自由の意味を履き違えて，社会の規範を顧みない生活を送ったり，また，自分自身の行為が自分や他者にどのような結果をもたらすかということを深く考えないまま，無責任な言動をとったりすることもある。

指導に当たっては，小学校における指導内容を更に発展させ，より高次の自立心や自律性を高め，規律ある生活をしようとする心を育てることが必要である。中学校ではまず，自己の気高さに気付かせ，何が正しく，何が誤りであるかを自ら判断して望ましい行動をとれるようにすることが大切である。日常のどのような小さな行為においても，自ら考え，判断し，自分の自由な意志に基づいて決定し，それに対して責任をもたなければならないことを実感させる必要がある。そうした経験を通し，失敗も含めて自己の責任において結果を受け止めることができるようになる。

さらに，悪を悪としてはっきり捉え，それを毅然として退け善を行おうとする良心の大切さに気付くようにしなければならない。良心に基づくよい行為とは，自分にとっても他者にとってもよい行為である。この意味で，善悪判断の基準となる多面的なものの見方や考え方を身に付けることの重要性に気付き，自分の行為の動機の純粋さにとどまらず，その行為が及ぼす結果についても深く考えられるようにすることが必要である。自由を放縦と誤解してはならず，自らを律し，自分や社会に対して常に誠実でなければならないことを自覚し，人間としての誇りをもった，責任ある行動がとれるように指導することが大切である。

2 節度，節制

> 望ましい生活習慣を身に付け，心身の健康の増進を図り，節度を守り節制に心掛け，安全で調和のある生活をすること。
>
> (小学校)〔節度，節制〕
> 〔第1学年及び第2学年〕 健康や安全に気を付け，物や金銭を大切にし，身の回りを整え，わがままをしないで，規則正しい生活をすること。
> 〔第3学年及び第4学年〕 自分でできることは自分でやり，安全に気を付け，よく考えて行動し，節度のある生活をすること。
> 〔第5学年及び第6学年〕 安全に気を付けることや，生活習慣の大切さについて理解し，自分の生活を見直し，節度を守り節制に心掛けること。

(1) 内容項目の概要

「望ましい生活習慣を身に付け」るとは，それを行うことで心身の健康の増進を図ることができる行為を，日常の生活において日々繰り返すことによって，殊更意識せずに行うことができるようになることである。「習慣は第二の天性」との言葉もあるように，その人の人となりに大きな影響を与えるものである。自己を保ち生きていく上で心身が健康であることは大切であり，食事・睡眠・運動の大切さについて改めて学ぶ必要がある。現代社会においては環境や生活様式の変化も大きく，情報機器の発達により若者の欲望や衝動を刺激するものも少なくない。自らの欲望や衝動の赴くままに行動してしまい，心身の健康を損ねることのないようにしなければならない。

そのためには，そうした状況に至らない適度な程度としての「節度」を意識し，その節度を超えないように欲望などを抑え，自己を統御する「節制」が求められる。節度と節制は，人間の感覚的な欲望の抑制を説いていると理解されるため，消極的に捉えられがちである。しかし，節度を守り節制に心掛けることは，望ましい生活習慣を身に付けることにつながっており，心身の健康を増進し，気力と活力に満ちあふれた充実した人生を送る上で欠くことのできないものであり，積極的に捉えるべき価値であると言うことができる。

安全で調和のある生活をすることは，人格形成にも深く関わる。災害などの中には人知をはるかに超えたものもあるが，日々の生活において交通事故，犯罪や大きな自然災害などによる危害を受けないよう安全や危機管理に十分配慮し，心身の調和のある生活の実現に努めることは，自己の人生を豊かにし，意義ある生き方につながることを理解できるようにする必要がある。

(2) 指導の要点

　小学校の段階では，特に高学年で，基本的な生活習慣は心身の健康を維持増進し，活力のある生活を支えるものであることへの理解を深め，児童一人一人が自分の生活を振り返り，改善すべき点などについて進んで見直しながら，望ましい生活習慣を積極的に築くとともに，自ら節度を守り節制に心掛けるように指導している。

　中学校の段階では，入学して間もない時期には，望ましい生活習慣を築いていこうとする気持ちはあるが，しなければならないことが増えて，ついついおろそかになりがちである。学年が上がるにつれて，心身ともに著しい発達を見せ，活力にあふれ意欲的に活動できるようになる。しかし，心と体の発達が必ずしも均衡しているわけではないため，軽はずみな行動によって健康を損なってしまったり，時間や物の価値を軽視してその活用を誤ったりするなど，衝動にかられた行動に陥ることもある。中学生になったという意識も働き，これまで身に付けてきた基本的な生活習慣や防災訓練，交通安全等の安全に関わる活動に対し，ためらったり，軽く考えたりすることも起きてくる。また，これまで身に付けてきた基本的な生活習慣に対して，外面的には反発や抵抗を示すこともある。

　指導に当たっては，まず，小学校段階からの節度，節制の大切さについての理解を一層深めるとともに，生活全般にわたり安全に配慮して，心身の調和のある生活を送ることの意義をしっかりと考えることができるようにすることが大切である。そのために，そこでは行動の仕方や物事の処理の問題として捉えさせるだけでは十分ではない。心身の健康の増進，生涯にわたって学ぼうとする意欲や習慣，時間や物を大切にすること，常に安全に配慮して生活すること，望ましい生活習慣を身に付けることなどが，充実した人生を送る上で欠くことのできないものであることを，生徒自らが自覚できるようにすることが大切である。

　さらに，改めて基本的な生活習慣や防災訓練，交通安全等の安全に関わる活動の意義について学ぶ機会を設けることが大切である。きまりある生活を通して自らの生き方を正し，節度を守り節制に心掛け，安全で調和のある生活の実現に努めることが，自分自身の将来を豊かにするものであることを自覚できるようにすることが何よりも重要である。単に日々の生活だけの問題ではなく，自らの生き方そのものの問題であり，人生をより豊かなものにすることとの関係で学ぶことができるようにすることが必要である。

3 向上心，個性の伸長

> 自己を見つめ，自己の向上を図るとともに，個性を伸ばして充実した生き方を追求すること。

(小学校)〔個性の伸長〕
〔第1学年及び第2学年〕　自分の特徴に気付くこと。
〔第3学年及び第4学年〕　自分の特徴に気付き，長所を伸ばすこと。
〔第5学年及び第6学年〕　自分の特徴を知って，短所を改め長所を伸ばすこと。

(1) 内容項目の概要

「自己を見つめ」るとは，様々な行為をする主体である自己について深く省みることであり，その過程において一貫した自分の姿や将来像を思い描くことにつながる。「汝（なんじ）自身を知れ」「吾（われ）日に三たび省みる」という言葉があるように，これまでや現在の自分，そして将来こう在りたいという自分を静かに見つめ直すことは，自己の向上を願って生きていく上で重要なことである。自己を見つめる中で，向上心が起こるのである。このとき思い描く自己像は，自他の行為における関係の中で意識されるものである。基本的には他者と異なるという意味での自己像であり，これから努力して徐々に創り上げていくものである。自己という概念は，他者との関係において，初めて規定されるとも言える。

一人一人の人間は姿や形が違うように，人それぞれには必ずその人固有のよさがある。「個性」とは，他者と取り換えることのできない一人一人の人間がもつ独自性であり，それは，その人の一部分ではなく，人格の総体である。個性は，能力・適性，興味・関心，性格といった様々な特性において捉えられる。個性は，その人固有の持ち味とも呼べるものであり，「個性を伸ば」すとは，固有の持ち味をよりよい方向へ伸ばし，より輝かせることである。自分自身で嫌だと思っている所も，見方を変えて磨きをかけることで，輝く個性になり得るのである。個性を生かし伸ばしていくことは，人間の生涯をかけての課題でもある。「充実した生き方」とは，他者との関わりの中で自分らしさを発揮している生き方であり，自分自身が納得できる深い喜びを伴った意味ある人生を生きることである。自分の人生への前向きな取組を繰り返す中で，おのずと体得されるものである。

(2) 指導の要点

　小学校の段階では，特に高学年で，自分が気付いた長所に目を向けそれを維持し伸ばそうとする態度を育てるとともに，自分の短所をしっかりと見極め，それを課題として改善し，自分自身を伸ばしていくことについて指導を行っている。

　中学校の段階では，入学して間もない時期には，他者との比較において自分を捉え，劣等感に思い悩んだり，他者と異なることへの不安から個性を伸ばそうとすることに消極的になったりすることもある。学年が上がるにつれて，自己理解が深まり，自分なりの在り方や生き方についての関心が高まり，「人生いかに生きるべきか」といった命題にも真剣に取り組むようになる。このことは「よりよく生きたい」という願いの裏返しであり，価値ある自己の実現に向けて限りない模索をしていることを表している。そして，他者と同じように扱われることを嫌うようになり，自分の姿を自らの基準に照らして考え，その至らなさに一人思い悩むことも少なくない。

　指導に当たっては，まず，短所も自分の特徴の一側面であることを踏まえつつ，かけがえのない自己を肯定的に捉え（自己受容）させるとともに，自己の優れている面などの発見に努め（自己理解）させることが大切である。自分のよさは自分では分からないことが多いため，生徒相互の信頼関係を基盤として互いに指摘し合い，高め合う人間関係をつくっていくように指導することが重要となってくる。

　さらに，自己との対話を深めつつ，自分自身のよさを伸ばしていくようにすることが大切である。例えば，優れた古典や先人の生き方との感動的な出会いを広げる中で，充実した人間としての生き方についての自覚を深め，これまで気付かなかった自分自身のよさや個性を見いだしていくこともある。教師は，生徒がそれぞれの人生で培ってきた個性を大切にし，生徒のよさの発見に努めなければならない。

4 希望と勇気，克己と強い意志

> より高い目標を設定し，その達成を目指し，希望と勇気をもち，困難や失敗を乗り越えて着実にやり遂げること。
>
> (小学校)〔希望と勇気，努力と強い意志〕
> 〔第1学年及び第2学年〕 自分のやるべき勉強や仕事をしっかりと行うこと。
> 〔第3学年及び第4学年〕 自分でやろうと決めた目標に向かって，強い意志をもち，粘り強くやり抜くこと。
> 〔第5学年及び第6学年〕 より高い目標を立て，希望と勇気をもち，困難があってもくじけずに努力して物事をやり抜くこと。

(1) 内容項目の概要

「より高い目標」とは，自分の現状に甘んじず現実をよりよくしようとする気持ちから設定するものである。現実との関わりの中で考えられたものであり，現実離れしていることもある夢とは違うものである。「希望」は，自分で思い描いたあるべき姿，よりよい状態の実現を願う気持ちであり，「勇気」は，不安や恐れを抱いて躊躇する気持ちに屈せずに，自分が正しいと思うことをやり遂げようとする積極的な気力である。自分自身で目標を設定し，その達成を目指すことは，日々の生活や人生を充実したものにする。しかし，目標の実現には様々な困難を乗り越えなくてはならず，困難や失敗を経験することもある。逆境から立ち直り，目標に向かって努力し続けるには，困難や失敗を受け止めて希望と勇気を失わない前向きな姿勢や，失敗にとらわれない柔軟でしなやかな思考が求められる。困難や失敗の原因を省みれば，自己の内面にある気まぐれや無計画，怠け心などの弱さに思い至ることが多い。困難や失敗があっても，それを乗り越え最後までやり遂げようとする強い意志を養うことが大切である。着実にやり遂げるためには，自分自身の弱さに打ち勝ち，一つの目標に向けて，計画的に実行していくことが必要である。

人間としてよりよく生きるには，目標や希望をもつことが大切である。目標には，必ずしも生涯をかけて達成するといった遠大なものだけでなく，身近で日常的な努力によって達成できるものもある。日常生活の中の小さな目標であっても，それが達成されたときには満足感を覚え，自信と次に向けて挑戦しようとする勇気が起こるものである。このような達成感は，自己の可能性を伸ばし，人生を切り拓いていく原動力となり，次のより高い目標に向かって努力する意欲を引き出すことにもつながる。このことを積み重ねる中で，人生の理想や目標を達成しようとする強い意志が養われ，生きることへの希望も育まれる。

(2) 指導の要点

　小学校の段階では，特に高学年で，希望をもつことの大切さや困難を乗り越える人間の強さについて考えることを通して，より積極的な自己像が形成されるように指導している。

　中学校の段階では，自分の好むことや価値を認めたものに対しては意欲的に取り組む態度が育ってくる。希望と勇気をもって困難を乗り越える生き方に憧れをもつ年代でもある。しかし，入学して間もない時期には，希望に燃え，将来に向けて大きな目標を立てるものの，理想どおりにいかない現実に悩み苦しむ生徒も少なくない。失敗や困難に直面し簡単に挫折し物事を諦めてしまったり，挫折や失敗を悪いことのように捉え，挫折のないヒーローやヒロインに憧れ，挫折や失敗を見せないようにしたり，それらを回避しようとして安易な選択をしてしまったりすることもある。学年が上がるにつれて，挫折や失敗を恐れる余りプレッシャーやストレスを強く感じて健康を害したり，誤ったストレスのはけ口を求めてしまったりする生徒も見られるようになる。

　指導に当たっては，まず，生活の中で具体的な目標を設定させ，その実現に向けて努力する体験をさせ，その体験を振り返って，目標の達成には何が必要かを考えたり，自らの歩みを自己評価させたりすることが大切である。そして，達成できたときの成就感や満足感を繰り返し味わわせるとともに，希望をもつが故に直面する困難や失敗の体験を勇気をもって受け止め振り返る活動を通して，目標の実現には困難や失敗を乗り越えることが必要であると実感させ，困難や失敗を乗り越える自分なりの方法について考えさせることが重要である。一方で，努力が全て思いどおりの結果に結び付くわけではない。したがって，教師は生徒の努力を評価し，挑戦することから逃げないで努力し続ける姿勢が大切であることを伝えていくことが重要である。

　さらに，様々な人の生き方に学びながら，生涯をかけての理想や目標をもち，困難や失敗を乗り越えて挑戦し続けることが，日々の生活を充実することにつながるとともに，文化や社会の発展を支える力ともなってきたことに気付かせることが大切である。また，困難や失敗を乗り越える強い意志や逆境から立ち直る力を育むには，積極的な自己像の形成や困難に直面したときの心構えについて繰り返し学習し，積極的な思考や行動を習慣化していく指導も効果的である。

5 真理の探究, 創造

> 真実を大切にし, 真理を探究して新しいものを生み出そうと努めること。

(小学校)［真理の探究］
　〔第5学年及び第6学年〕　真理を大切にし, 物事を探究しようとする心をもつこと。

(1) 内容項目の概要

　人間としての生き方を求め, 自己の人生を切り拓(ひら)いていくためには, 物事の真の意味を知ることが求められる。「真実」とは, うそや偽りのない本当の姿のことである。真実は, 人間としての生き方について考えるときにも用いられる。「真理」とは, 全ての人が認める普遍的で妥当性のある法則や事実, 正しい在り方などのことである。ここでは, 偏った狭い独善的な見方や考え方にとらわれることなく, うそや偽りのない本当の姿を大切にし, いかなる力をもってしても否定できない普遍的な真理を探究することが求められる。とかく人は, 思い込みが強く偏見や先入観にとらわれて, 事物の真の姿に気付かずに過ごしている場合も少なくない。しかし, 歴史を見れば, 人々が真実や真理を求め続ける努力が新たな発見や創造につながり, 社会の進歩や発展を支えてきたことが分かる。

　創造とは, 新しいものを生み出そうとすることである。模倣によってではなく, 独自の考えに基づいて物事を創り出そうという強い気持ちがなければできない。新しいものを生み出そうとするには, まず解の有無から模索しなければならないこともある。また, 解が複数あり得たり, 一つの解への道筋が幾つもあり得たりと粘り強く考え続けることが求められる。新しいものの創造は無から突然生まれるものではなく, 好奇心を寄せ, 疑問や分からないことにこだわり続け, 物事の真の姿を探り見極めようと格闘し続ける探究の中で育まれてきた。また, これまでにないものを思い浮かべる能力である想像力を働かせることも大切である。時には開放的で, 従来の思考の筋道から離れる柔軟性をもつことが求められる。例えば, 自分の得意な領域を定め, 必ずやり遂げることができるという気持ちをもち続け, 結果として創造的な仕事を成し遂げた先人たちも多く存在する。

　今日の社会は, 学術研究や科学技術の発展に支えられている。新しいものを生み出すことは, 容易にできることではない。しかし, 中学校生活の中で工夫することの大切さに気付かせることが, 自由な発想を育み新しい考えや方法を生み出そうとすることにつながり, ひいては積極的に新しい分野を切り開いていこうという意欲を引き出すことになる。この探究の精神は, よりよく生きたいと願う自分自身の未来を創るとともに, よりよい社会を創る原動力となる。

(2) 指導の要点

　小学校の段階では，高学年で，真理を求める態度を大切にし，物事の本質を見極めようとする知的な活動を通して興味や関心を刺激し，探究する意欲を喚起させる指導を行っている。

　中学校の段階では，人間としての生き方や社会の仕組みなどについての関心が高まってきて，うそや偽りを憎み，真実を求め，真理を探究しようとする思いが一層強くなる。また，入学して間もない時期には，新たな分野を学び始めることで，新しい知識や技能を獲得することへの好奇心や興味・関心・意欲も高まっている。しかし，学年が上がるにつれて，学習の成果が出ないことで努力を諦めてしまったり，性急に結論を求める余り，一面的な見方になって「これしかない」と思い込んでしまったり，他の見方や意見を受け入れられなくなってしまったりすることがある。また，流行やうわさ，メディアからの情報に敏感な余り，真実を確かめようとしないで簡単に信じてしまうこともある。

　指導に当たっては，まず，生徒自身の学習体験を振り返りながら，分からないことを謙虚に受け止めて探究し続け，真理や真実を求めつつ，好奇心をもって意欲的に学び，工夫して新しいものを創造していこうとする積極的な態度を育てることが重要である。一般的に，科学的な真実や真理は個々の具体的な自然現象や社会現象の背景にあるものであり，何もないところから突然生まれるものではない。したがって，真実や真理の探究には，広い視野に立って多面的・多角的に見ようとする開かれた心や，結論を鵜呑みにせずに論理的・批判的に考える姿勢が必要であることに気付かせ，疑問や問いを探究し続けることが新たな見方や考え方の発見や創造につながり，自分の生涯を豊かにすることにつながることを自覚できるようにすることが必要である。

　さらに，真実や真理を探究して社会の発展や学問，科学技術に貢献した人々の生き方に学ぶとともに，それらの人々の探究心を支えたものについて考え，生徒が自らの生き方に生かすことができるよう工夫することが重要である。また，高等学校段階への発展を踏まえて，葛藤や論争のある問題を道徳的な視点で取り上げ，よりよい解決を目指して協働で探究することを通して，生徒がアイディアを出し合って，よりよい見方や考え方を主体的・協働的に創っていく学習活動を実践し，創意工夫して新しい見方や考え方を生み出すことを生徒が身近なこととして体験できるようにすることが大切である。

B 主として人との関わりに関すること
6 思いやり，感謝

> 思いやりの心をもって人と接するとともに，家族などの支えや多くの人々の善意により日々の生活や現在の自分があることに感謝し，進んでそれに応え，人間愛の精神を深めること。
>
> (小学校)［親切，思いやり］
> 〔第1学年及び第2学年〕 身近にいる人に温かい心で接し，親切にすること。
> 〔第3学年及び第4学年〕 相手のことを思いやり，進んで親切にすること。
> 〔第5学年及び第6学年〕 誰に対しても思いやりの心をもち，相手の立場に立って親切にすること。
> (小学校)［感謝］
> 〔第1学年及び第2学年〕 家族など日頃世話になっている人々に感謝すること。
> 〔第3学年及び第4学年〕 家族など生活を支えてくれている人々や現在の生活を築いてくれた高齢者に，尊敬と感謝の気持ちをもって接すること。
> 〔第5学年及び第6学年〕 日々の生活が家族や過去からの多くの人々の支え合いや助け合いで成り立っていることに感謝し，それに応えること。

(1) 内容項目の概要

「思いやりの心」は，自分が他者に能動的に接するときに必要な心の在り方である。他者の立場を尊重しながら，親切にし，いたわり，励ます生き方として現れる。それはまた，黙って温かく見守るといった表に現れない場合もある。したがって，思いやりの心の根底には，人間尊重の精神に基づく人間に対する深い理解と共感がなければならない。このように考えれば，思いやりの心は，単なるあわれみと混同されるべきものではないことが分かる。

「感謝」の心は，主として他者から受けた思いやりに対する人間としての心の在り方である。人間は，互いに助け合い，協力し合って生きている。その関係を根底で支えているのは，互いの感謝の心であり，そこには申し訳ないという気持ちも含まれている場合がある。その意味で，感謝の心は，潤いのある人間関係を築く上で欠かすことのできない大切なものである。人がおのずと感謝の念を抱くのは，他者の思いやりに触れ，それを有り難いと感じ，素直に受け止めたときである。そして，自分が現在あるのは，多くの人々によって支えられてきたからであることを自覚するようになる。

人との関わりの中で，温かい人間愛の精神を深めるとともに，これを模索し続けることは極めて大切なことである。「人間愛の精神」は，互いの存在を，強さも弱さももち合わせた生身の人間として，肯定的に受け止めようとする思いが普遍化されたものである。それは，人間尊重の精神，生命に対する畏敬の念に基づく人間理解を基盤として，他者に対する思いやりと感謝の心を通して具現化される。

(2) 指導の要点

　小学校の段階では，特に高学年で，思いやりについては相手の立場に立ち，人間関係の深さの違いや意見の相違などを乗り越え，全ての人に思いやりをもてるように指導している。また，感謝については，見えないところで支えてくれる人々まで視野を広げ，その善意に気付き，尊重できるよう指導している。

　中学校の段階では，単に思いやりや感謝が大切であることだけではなく，相手の立場や気持ちに対する配慮，そして，感謝の対象の広がりについても理解を深めていくことが大切である。入学して間もない時期には，人間愛に基づく他者との関わりをもつことの大切さを理解できるようになってくる。しかし，人間的な交わりの場が急速に少なくなりつつある社会環境と合わせて，温かい人間愛に恵まれないと感じて，人はとかく利己的，自己中心的になりやすく，他を省みない行動に走る場合がある。学年が上がるにつれて，自立心の強まりとともに，日々の生活の中で自己を支えてくれている多くの人の善意や支えに気付く一方で，家族など日常的に接している人々に対し，支えられていることを有り難いと思いつつも，疎ましく感じたり，感謝の気持ちを素直に伝えることの難しさを感じたりしている。特に，自分の存在に深く関わることになると言葉や行動としてうまく思いやりや感謝の気持ちを表現できないこともある。

　指導に当たっては，まず，単に思いやりの大切さに気付かせるだけでなく，根本において自分も他者も，共にかけがえのない存在であるということをしっかり自覚できるようにすることが大切である。そして，思いやりや感謝の気持ちを言葉にして素直に伝えようとする心が，今自分が相手に対して何をもって応答することができるかを考えさせ，結果として自己と他者との心の絆(きずな)をより強くするのだということに気付かせたい。

　さらに，重荷にならないようにという配慮がなされた思いやりに気付くことは，決して容易なことではない。これらのことを踏まえた上で，互いに支え合う経験を積みながら，温かい人間愛の精神に基づく体験の機会を生かし，人間として生きることに喜びを見いだすとともに，思いやりと感謝の心と態度が育まれていくよう工夫する必要がある。なお，感謝の心は，他者との関わりに始まり，多くの社会の人々への感謝，さらには自然の恵みへの感謝へと次第に広がっていくものである。したがって，Cの視点やDの視点との関連を図りつつ指導する必要がある。

7 礼儀

> 礼儀の意義を理解し，時と場に応じた適切な言動をとること。

〔小学校〕〔礼儀〕
〔第1学年及び第2学年〕 気持ちのよい挨拶，言葉遣い，動作などに心掛けて，明るく接すること。
〔第3学年及び第4学年〕 礼儀の大切さを知り，誰に対しても真心をもって接すること。
〔第5学年及び第6学年〕 時と場をわきまえて，礼儀正しく真心をもって接すること。

(1) 内容項目の概要

「礼儀」は，他者に対するものであり，身に付けておくべき外に表す形であると考えられる。具体的には言葉遣い，態度や動作として表現される。社会生活の秩序を保つために守るべき行動様式であり，長い間に培われた慣習を表すものである。これは，人間関係や社会生活を円滑にするために創り出された優れた文化である。また，礼儀は，立ち居振る舞いが美しいかどうかという美的な問題として考えられてきた面もある。生徒は，物心がつく頃から，家族や地域の大人から挨拶を始め礼儀を教えられる。教えられ学ばれなければ，礼儀は存続していかないものである。さらに，礼儀は，慣習に支えられているため，文化が違えば同じではなく，合理的に説明することができないことも多いが，長い歴史を通じて培われ伝えられ，大切にされてきたものである。

礼儀の基本は，相手の人格を認め，相手に対して尊敬や感謝などの気持ちを具体的に示すことであり，心と形が一体となって初めてその価値が認められると考えられる。敬愛の気持ちを伝えるために，相互に認められる形が必要である。時と場に応じた適切な言動をとることで，自分と他者の間に認められてきたその社会固有のほどよい距離を保つことができるのである。礼儀にかなった言動が，互いを結び合わせるのであり，このことが礼儀が人間の生き方の基本にあると言われるゆえんである。形だけで心が伴っていないと批判され，形ができていたとしても人間尊重の精神がなければ礼は通じないとされる。この場合の礼という語は，他者を敬う態度や振る舞いであり，社会規範をも意味し，内面にある他者を愛する心が現れた礼節をわきまえた行為と考えられている。

(2) 指導の要点

　小学校の段階では，特に高学年で，習慣としている挨拶のよさや意義を自分なりに理解し，挨拶のタイミングを計りながら，時と場に応じ，自らの判断で実行できることが大切である。

　小学校から中学校まで系統的な指導がなされる内容項目であるが，中学校の段階では，入学して間もない時期には，まだまだ受け身な姿勢から抜け出せず，自分から進んで礼儀にかなった行動ができない生徒も少なくない。学年が上がるにつれて，一般的な傾向として，従来のしきたりや形に反発する傾向が強くなったり，照れる気持ちやその場の状況に左右されることによって望ましい行動がとれなくなったりすることも見受けられる。誠実さの伴わない形だけの礼儀への拒否感が強くなる。

　指導に当たっては，まず，教えられ無意識に習慣として実践してきた受け身の姿勢から，挨拶の意義などを主体的に考え理解し，例えば，時・場所・場面（TPO）に応じて，自ら挨拶をしてからお辞儀をするなど，適切な言葉や行動ができる自律した態度へ変わっていくことが求められる。日常生活において，時と場に応じた適切な言動を体験的に学習するとともに，形の根底に流れる礼儀の意義を深く理解できるようにすることが大切である。心情面を整えることによって，形として外に表すことができるようになることもある。

　さらに，礼儀の形は時代や社会によって変わる相対的な面をもっている一方で，その精神は伝統として受け継がれるものもある。例えば我が国には伝統的な礼儀作法があるように，他国にもそれぞれの国に応じた礼儀作法がある。国際化の進展に伴い他国の人々に接する機会が多くなった今日，他国の礼儀についても理解を深め，他国の人々に気持ちよく接することができるように指導することが大切である。礼儀は，相手を人間として尊重する精神の現れであることを十分に理解させ，時と場に応じて主体的に適切な言動が行われることが求められている。

8　友情，信頼

> 友情の尊さを理解して心から信頼できる友達をもち，互いに励まし合い，高め合うとともに，異性についての理解を深め，悩みや葛藤も経験しながら人間関係を深めていくこと。

（小学校）〔友情，信頼〕
〔第1学年及び第2学年〕　友達と仲よくし，助け合うこと。
〔第3学年及び第4学年〕　友達と互いに理解し，信頼し，助け合うこと。
〔第5学年及び第6学年〕　友達と互いに信頼し，学び合って友情を深め，異性についても理解しながら，人間関係を築いていくこと。

(1) 内容項目の概要

　真の友情は，相互に変わらない信頼があって成り立つものであり，相手に対する敬愛の念がその根底にある。それは，相手の人間的な成長と幸せを願い，互いに励まし合い，高め合い，協力を惜しまないという平等で対等な関係である。友達を「信頼」するとは，相手を疑う余地がなく，いざという時に頼ることができると信じて，全面的に依頼しようとする気持ちをもつことであり，その友達の人間性に賭けることである。相手の人柄に親しみを感じ，敬愛する気持ちをもち続けることである。分かち合い，高め合い，心からの友情や友情の尊さについて理解を深め，自分を取り囲む友達との友情をより一層大切にする態度を育てることが大切である。

　「異性についての理解を深め」とあるのは，互いに相手のよさを認め合うということである。相手に対する理解を深め，信頼と敬愛の念を育み，互いを向上させるような関係を築いていかなければならない。独立した一個の人格としてその尊厳を重んじ，人間としての成長と幸せを願うという点において，異性間における相互の在り方は基本的に同性間におけるものと変わるところがない。

　人間の社会は，互いに協力することによって望ましい社会生活が営まれ豊かな文化が形成されるのである。そこに生じる友情は，人間として互いの特徴や個性を尊重し，互いに支え，競い合い，高め合うことによって，深まるのである。心から信頼できる友達を求め，友達への期待も強まる時期に，友達との関係に，時には悩み，友達であるからこそ意見がぶつかることもある。青年前期にある中学生は，心身の成長は目覚ましいが，不安定な時期でもある。感情の起伏が目立ち，ともするとささいなことから感情の行き違いが生じ，せっかくの友達関係が台無しになることもあるが，これらの悩みや葛藤を乗り越えることで，真の友情は培われていくものである。

(2) 指導の要点

　小学校の段階では、特に高学年で互いに信頼し学び合って友情を深め、異性への正しい理解とともによりよい友達関係を築くよさについて学習している。

　中学校の段階では、体験や学習の質が高まる中で、互いに心を許し合える友達を真剣に求めるようになる。入学して間もない時期には、親や教師に多くのことをゆだねてきた児童期から、自立しようとする発達の段階にある。それゆえ、世代の違いによるものの見方や考え方、価値観の違いを強く意識するようになり、心の底から打ち明けて話せる友達を得たいと願う気持ちが高まってくる。しかし、学年が上がるにつれて、時には相手に無批判に同調し、自分が傷つくことを恐れる余り、最初から一定の距離をとった関係しかもたないなど複雑な思いにとらわれる場合も出てくる。また、性差がはっきりとしてくる中学生の時期には、異性への関心が強くなるとともに、意識的に異性を避けたり、興味本位の情報や間違った理解から様々な問題が生じたりすることもある。

　指導に当たっては、まず、友情は互いの信頼を基盤とする人間として最も豊かな人間関係であること、互いの個性を認め、相手への尊敬と幸せを願う思いが大切であることを理解させたい。友達であるからこそ、悩みや葛藤を経験し、共にそれを乗り越えることで、生涯にわたり尊敬と信頼に支えられた友情を築くことができることへの自覚が重要である。友情は、人間にとってその人生を豊かにするかけがえのないものである。友情によって喜びは何倍にもなり、悲しみや苦しみは分かち合うことができる。人間として互いの人格を尊敬し高め合い、悩みや葛藤を克服することで、より一層深い友情を構築していこうとする意欲や態度を育んでいくことが肝要である。

　さらに、自分から友情を築くための共通の課題について考えを深めたり、互いの正しい理解によってより豊かな人間関係が築かれることに気付いたりするための工夫が望まれる。そして、自ら友情を大切にし、育てようとする態度を育てることや、信頼を基盤として成り立つ友情が人間として生きる上で、いかに尊いものであるかを実感できるよう指導を工夫する必要がある。異性であっても、相手のものの見方や考え方を理解するなど、友情を築き、共に成長しようとする姿勢が求められる。各自の異性に対する姿勢を見直すきっかけとなるよう指導することも必要である。相手の内面的なよさに目を向け、相手の成長を心から願って互いに励まし合い、忠告し合える信頼関係のよさを味わわせたい。また、友情を培うために自分はどうあればよいか、友情とは何か、などについて発達の段階に応じて意見を交換し合うなど、発展的な指導を心掛けることも重要である。

9 相互理解，寛容

> 自分の考えや意見を相手に伝えるとともに，それぞれの個性や立場を尊重し，いろいろなものの見方や考え方があることを理解し，寛容の心をもって謙虚に他に学び，自らを高めていくこと。
>
> (小学校)〔相互理解，寛容〕
> 〔第3学年及び第4学年〕 自分の考えや意見を相手に伝えるとともに，相手のことを理解し，自分と異なる意見も大切にすること。
> 〔第5学年及び第6学年〕 自分の考えや意見を相手に伝えるとともに，謙虚な心をもち，広い心で自分と異なる意見や立場を尊重すること。

(1) 内容項目の概要

人間相互の理解は，自分の考えや意見を発信することが一つの鍵になる。様々な物事について，自分の考えや意見を人に伝えることは，人間関係を築き，相互理解を深めるために欠かすことができない。人間は，大抵の物事についてその全体を知り尽くすことは難しく，自分なりの角度や視点から物事を見ることが多い。人には，それぞれ自分のものの見方や考え方があり，個性がある。そこで大切なことは，互いが相手の存在の独自性を認め，相手の考えや立場を尊重することである。他者と全く同じということはないのであり，他者との関わりの中で具体的な物事について話し合ってみないと，自分の狭さに気付くことができない。そして，自分自身も他者も，それぞれのものの見方や考え方にとらわれ，過ちを犯しやすい人間であると深く理解することで，自分と異なる他者の立場や考え方を尊重することができる。寛容の心をもてば，人を許し受け入れてとがめだてしないで，他者のよい面を積極的に認めようとすることができるのである。

また，自分のものの見方や考え方を広げて確かなものにしていくためには，他者に学ぶことが大切であることに気付くことができ，他者の助言や忠告に謙虚に耳を傾けることができる。他者から謙虚に学んでいくことは，よりよい人間としての成長を促すために大切なことである。また，個性は，決して自分一人で伸びるものだけではなく，他者に認められながら伸びるものもある。時には，自分の考えや意見を他者に伝えることに困難が生じたり，意見や思いを伝えられなかったりすることもある。よりよい人間関係を築くためには，時には毅然とした言葉や態度も必要となる。互いのもつ異なる個性を見付け，違うものを違うと認め，時には私心のない寛容の心や他者の意見を認めて素直に取り入れる謙虚さをもって他に学び，自己を高めることが求められる。

(2) 指導の要点

　小学校の段階では，特に高学年で家族や学校での生活を通して多様な体験を重ね，自分の考えや意見を伝えることや相手の気持ちを考えることの大切さが分かり，行動しようとするようになる。

　中学校の段階では，入学して間もない時期には，新たな環境で，学級の仲間や先輩との新たな出会いの中で，見方や考え方の多様性を実感することが多くなる。同時に，自分の考えや意見と相手との差異を理解しつつも，自分の考えや意見を伝えることの大切さを感じる機会が増える。また，伝えることとともに，相手の立場に立ってその考えや意見を聴くことで，真の相互理解が可能になることも少しずつ経験していく時期である。学年が上がるにつれて，ものの見方や考え方が確立するとともに，自分の考えや意見に固執する傾向も見えてくる。また，自分と他者の考えや意見の違いが明らかになることを恐れたり，考え方の違いから仲間だと思っていた関係に摩擦が生じたりして，悩み，孤立する場合がある。その一方で，過剰に同調する傾向も生じやすく，いじめのような問題に発展することもある。安易に人の意見に合わせることで，現実から逃避したり，自分さえよければよいという考えをもったりすることもある。

　指導に当たっては，まず，個性とは何かについて正しく理解するとともに，自らの意志に背いて他に同調するのではなく，自分の考えや意見を伝えること，そして互いの個性や立場を尊重し，広い視野に立っていろいろなものの見方や考え方があることを理解しようとする態度を育てることが大切である。中学生は，他者の考えや立場を尊重し調和して生活していかなければならないと知っているが，その一方で，寛容に生きていくための処世の術のように理解していないか，問わなくてはならない。寛容は，他人の過ちを大目に見たり，見て見ぬふりをしたりすることではない。他人の過ちを許すことは，他人の不正を許すことではないのである。

　さらに，いろいろなものの見方や考え方から学び，自分自身を高め，他者と共に生きるという自制を伴った気持ちで，判断し行動することの大切さを理解できるような指導の工夫が必要になる。このような指導を通して，例えばいじめや不正を見逃さず，排除しようとする主張や不正を指摘する資質や能力を培うことにつなげることができる。この内容項目の学習を通して，人間が相互に個性や立場を尊重することが，自分の人生にとってどのような価値をもつのか考えるとともに，誰もが様々な立場に立って個性を発揮することのよさと，相手や場面が変わっても，寛容の心をもち謙虚に他に学ぶことが人間としての成長に役立つことを理解できるようにすることが大切である。

C 主として集団や社会との関わりに関すること
10 遵法精神，公徳心

> 法やきまりの意義を理解し，それらを進んで守るとともに，そのよりよい在り方について考え，自他の権利を大切にし，義務を果たして，規律ある安定した社会の実現に努めること。
>
> (小学校)［規則の尊重］
> 〔第1学年及び第2学年〕 約束やきまりを守り，みんなが使う物を大切にすること。
> 〔第3学年及び第4学年〕 約束や社会のきまりの意義を理解し，それらを守ること。
> 〔第5学年及び第6学年〕 法やきまりの意義を理解した上で進んでそれらを守り，自他の権利を大切にし，義務を果たすこと。

(1) 内容項目の概要

社会があれば何らかのきまりがある。法（法律）は国会が定めるきまりであり，例えば，財産や家族などに関わる一般的なルールである民法，犯罪とそれに対する刑罰を定めた刑法などがある。人間が集まって社会が形成されると，「私」と「私」の利益がぶつかり合って集団のまとまりがなくなり，結局一人一人の願いが実現できないことがある。「法やきまり」は，この集団に秩序を与え，摩擦を最小限にするために，人間の知恵が生み出したものであることや，社会の秩序と規律を守ることによって，個人の自由が保障されるということを理解することは大切である。最も基本的な自由である身体の自由にしても，身体を維持するための衣食住にしても，それらを所有することを社会が承認していることによって支えられている。無法状態になれば，自由は保障されない。自分の欲望のままに生活することを制限するものとして法を捉え，仕方なく法に従うのは，進んで守るということではない。

遵法精神は，公徳心によって支えられている。公徳心とは，社会生活の中で守るべき正しい道としての公徳を大切にする心である。一人一人の日常生活の中で具体的に生かされることで，住みよい社会が実現できる。法やきまりについては，その遵守とともに，一人一人が当事者として関心をもつことが大切であり，適正な手続を経てこれらを変えることも含め，その在り方について考えることが必要である。また，他人の権利を尊重し，自分の権利を正しく主張するとは，互いの権利の主張が調和し両立できるようにすることである。自らに課せられた義務を果たすことが，結果として規律ある安定した社会の実現に貢献することになる。義務とは，ここでは人に課せられる法的拘束であり，自分の好き嫌いに関わりなくなすべきことである。

なお,国際的な関係においても法やきまりの遵守が求められており,「国際理解,国際貢献」にも通じるものである。

(2) 指導の要点

小学校の段階では,特に高学年で,法やきまりの意義や権利を大切にし,義務を果たすことの意義について学んできている。

中学校の段階でも,入学して間もない時期には,法やきまりに従えばそれでよいと考え,「ルールだから守る」と法やきまりを他律的に捉えている生徒が多い。学年が上がるにつれて,社会の中で生きているという自覚も深まり,法やきまりについてその意義を一層理解することができるようになる反面,法やきまりは自分たちを拘束するものとして反発したり,自分の権利は強く主張するものの,自分の果たさなければならない義務をなおざりにしたりする傾向も見られる。

指導に当たっては,まず,法やきまりは自分自身や他者の生活や権利を守るためにあり,それを遵守することの大切さについての自覚を促すことが求められる。自他の権利を大切にし,義務を果たすことで,互いの自由意志が尊重され,結果として規律ある安定した社会が実現することを理解した上で,社会の秩序と規律を自ら高めていこうとする意欲を育て,日々の実践に結び付ける指導が必要である。その際,法やきまりを守ることは,自分勝手で放縦な反発等に対してそれらを許さないという意思をもつことと表裏の関係にある。

さらに,法やきまりの他律的な捉え方を越えて,「尊重したいから守る」という自律的な捉え方ができるようになるため,遵法精神には,「自分を裏切らない」という自尊心と,目の前の相手の心情に思いを巡らせ,外見からはうかがい知れない人の心情を想像できる思いやりの心が関わっていることに気付かせる指導が求められる。また,高等学校段階への発展を踏まえて,自分たちを拘束すると感じる法やきまりが自分たちを守るだけではなく,自分たちの社会を安定的なものにしていることを考えさせ,よりよいものに変えていこうとするなど積極的に法やきまりに関わろうとする意欲や態度を育てるとともに,権利と義務の関係について,例えば法的に強制力のない義務を果たすことが理性的な人間としての生き方につながることを考えさせるなど,公徳心に関わる道徳性を意識した指導の工夫が必要である。これらのことを踏まえて,自分たちが社会の構成員の一人であることの意識をもちながら,「私」を大切にする心と「公」を大切にする心の関係について考えを深めさせることが望まれる。

11　公正，公平，社会正義

> 正義と公正さを重んじ，誰に対しても公平に接し，差別や偏見のない社会の実現に努めること。
>
> （小学校）〔公正，公平，社会正義〕
> 〔第1学年及び第2学年〕　自分の好き嫌いにとらわれないで接すること。
> 〔第3学年及び第4学年〕　誰に対しても分け隔てをせず，公正，公平な態度で接すること。
> 〔第5学年及び第6学年〕　誰に対しても差別をすることや偏見をもつことなく，公正，公平な態度で接し，正義の実現に努めること。

(1) 内容項目の概要

「正義を重んじ」るということは，正しいと信じることを自ら積極的に実践できるように努めることであり，「公正さを重んじ」るということは，私心にとらわれて事実をゆがめることを避けるように努めることである。道理にかなって正しいことを自ら認識し，それに基づいて適切な行為を主体的に判断し，実践しようとする意欲や態度をもつことである。正義とは，人が踏み行うべき正しい道筋や社会全体としての正しい秩序などを広く意味し，法にかなっていることや各人に正当な持分を与えるという意味もある。公正さとは，分配や手続の上で公平で偏りがなく，明白で正しいことを意味する。

公平に接するためには，偏ったものの見方や考え方を避けるよう努めることが大切である。好き嫌いは感情であるため，全くなくすことはできないが，とらわれないようにすることはできる。好き嫌いから他者に対して偏見をもたないように努めることはできるのである。自分と同様に他者も尊重し，誰に対しても分け隔てなく公平に接し続けようとすることが重要である。人は他者との関わりにおいて生きるものである。それゆえ，よりよく生きたいという願いは，差別や偏見のない社会にしたいという思いにつながる。

よりよい社会を実現するためには正義と公正さを重んじる精神が不可欠であり，物事の是非を見極めて，誰に対しても公平に接し続けようとすることが必要となる。また，法やきまりに反する行為と同様に，自他の不公正に気付き，それを許さないという断固とした姿勢と力を合わせて積極的に差別や偏見をなくす努力が重要である。

(2) 指導の要点

　小学校の段階では，特に高学年で誰に対しても差別をすることや偏見をもつことなく，公正，公平な態度で接し，正義の実現に努めることの大切さについて指導している。

　中学校の段階でも，入学して間もない時期には，自己中心的な考え方や偏った見方をしてしまい，他者に対して不公平な態度をとる場合がある。また，周囲で不公正があっても，多数の意見に同調したり傍観したりするだけで，制止することができないこともある。そのため，いじめや不正な行動等が起きても，勇気を出して止めることに消極的になってしまうことがある。そうした自分の弱さに向き合い，同調圧力に流されないで必要に応じ自分の意志を強くもったり，学校や関係機関に助けを求めたりすることに躊躇しないなど，それを克服して，正義と公正を実現するために力を合わせて努力することが大切である。学年が上がるにつれ，社会の在り方についても目を向け始め，現実の社会における矛盾や葛藤，さらに，差別や偏見といった社会的な問題を見いだすこともあるだろう。その場合でも，単に現状を諦めて見過ごすのではなく，正義と公正を重んじる立場から，道徳上どのような問題があるかを考え，その解決に向けて協働して話し合うことが求められる。

　指導に当たっては，まず，自己中心的な考え方から脱却して，公のことと自分のこととの関わりや社会の中における自分の立場に目を向け，社会をよりよくしていこうとする気持ちを大切にする必要がある。また，「見て見ぬふりをする」や，「避けて通る」という消極的な立場ではなく，不正を憎み，不正な言動を断固として否定するほどの，たくましい態度が育つように指導することが大切である。

　さらに，この世の中から，あらゆる差別や偏見をなくすように努力し，望ましい社会の理想を掲げ，正義が通り，公平で公正な社会の実現に積極的に努めるよう指導する必要がある。

　なお，正義の実現を目指す社会の在り方について考えることは，社会科における公民的分野の学習や，特別活動における集団生活の向上についての学習とも関連させ取り組むことが求められる。

12 社会参画，公共の精神

> 社会参画の意識と社会連帯の自覚を高め，公共の精神をもってよりよい社会の実現に努めること。

（小学校）〔勤労，公共の精神〕
〔第1学年及び第2学年〕 働くことのよさを知り，みんなのために働くこと。
〔第3学年及び第4学年〕 働くことの大切さを知り，進んでみんなのために働くこと。
〔第5学年及び第6学年〕 働くことや社会に奉仕することの充実感を味わうとともに，その意義を理解し，公共のために役に立つことをすること。

(1) 内容項目の概要

「社会参画の意識」とは，次の内容項目である「勤労」とも相まって，共同生活を営む人々の集団である社会の一員として，その社会における様々な計画に積極的に関わろうとすることである。個人が安心・安全によりよく生活するためには，社会の形成を人任せにするのではなく，主体的に参画し，社会的な役割と責任を果たすことが大事になる。自分が生きている身の回りを含めた社会に関わることの意義の理解の下に，実際に関わっていこうとする態度を育てていくことが求められる。

「社会連帯の自覚」とは，社会生活において，一人一人が共に手を携え，協力し，誰もが安心して生活できる社会をつくっていこうとすることである。この社会の全ての人々が，自分も他人も共によりよく生きようとしていることを自覚することから，互いに助け合い励まし合うという社会連帯の自覚も出てくる。一人一人の個性を尊重し民主的な社会を築くためには，社会を構成する多くの人々と助け合い励まし合いながら社会連帯を深めることが求められる。

「公共の精神」とは，社会全体の利益のために尽くす精神である。政治や社会に関する豊かな知識や判断力，論理的・批判的精神をもって自ら考え，社会に主体的に参画し，公正なルールを形成し遵守する精神である。この精神に基づき，社会の発展に寄与する態度を養うことが大切であり，このことは国家及び社会の形成者として必要とされる基本的な資質である。社会全体に目を向けるとき，個人の向上と社会の発展とが，矛盾しないような在り方が求められ，よりよい社会の実現に向けた個々の努力が日々積み重ねられることが必要となる。

(2) 指導の要点

　小学校の段階では，特に高学年で社会に奉仕することの意義を理解し，公共のために役立つことをしようという意欲や態度をもつよう指導している。

　中学校の段階では，入学して間もない時期には，下級生になったこともあり，学級や学校の生活において人任せにしがちになる生徒も見られる。他方で，例えば身体の不自由な人をいたわろうとする行動をしたり，地域の清掃活動や行事，社会福祉施設などでボランティア活動に参加したりすることを通して，よりよい社会を協力して築こうとする意欲が強まる生徒も見られる。学年が上がるにつれて，社会において人間関係が希薄化する傾向が見られ，他者に対する配慮を欠き，公の場で，意識するかしないかにかかわらず自己中心的な言動をとってしまうことも少なくない。既成のものに対する反発が出てくる年代ではあるが，本来，自己中心的で自分勝手な言動をよくないと思う心が内面には十分あり，誰もが望むよりよい社会の実現については大人より純粋に考えることもできる。

　現代的な課題等も取り上げ，どのように社会に参画し，どのように連帯すべきかについて，多面的・多角的に考えを深めるよう指導することが大切である。この学習を通して，公共の精神を育むことが求められる。また，人間としての生き方や社会の在り方について深く考え，よりよい民主的な社会を実現するためにどのように社会に連帯できるかについて多面的・多角的に話し合うことが大切である。

　指導に当たっては，まず，学級活動や生徒会活動に積極的に参画するなどの体験を生かして，社会参画や社会連帯についての考えを深めさせ，現実の学校生活に生かすことができるよう公共の精神についての考えを深めさせることが大切である。生徒一人一人に自分も社会の一員であるという自覚を深めるようにして，互いに積極的に協力し合おうとする意欲を育てるように工夫することが必要である。

　さらに，よりよい社会を実現するためには，社会生活において互いに迷惑をかけることのないような行動の仕方を身に付けるとともに，進んで社会と関わり積極的な生き方を模索しようとする態度を育てる必要がある。そして，進んで社会的な責任を果たすために，どのような行動を取るべきかを主体的に考えられるようにすることが重要になる。また，この内容項目を通じて，例えば，生徒が将来，選挙権を付与される年齢に達した際には，自分も社会の一員であるという認識のもと，積極的に権利を行使するという，主体的に社会に参画し，その発展に寄与する態度を養うという視点も重要である。

　また，例えば，社会科の公民的分野での社会参画や社会連帯の在り方や公共の精神の学習など，他教科等と関連付けたり，高等学校段階への発展につなげたりすることも必要である。

13　勤労

> 勤労の尊さや意義を理解し，将来の生き方について考えを深め，勤労を通じて社会に貢献すること。
>
> （小学校）〔勤労，公共の精神〕
> 〔第1学年及び第2学年〕　働くことのよさを知り，みんなのために働くこと。
> 〔第3学年及び第4学年〕　働くことの大切さを知り，進んでみんなのために働くこと。
> 〔第5学年及び第6学年〕　働くことや社会に奉仕することの充実感を味わうとともに，その意義を理解し，公共のために役に立つことをすること。

(1) 内容項目の概要

　勤労は，人間生活を成立させる上で大変重要なものであり，一人一人がその尊さやその意義を理解し，将来の生き方について考えを深め，社会生活の発展・向上に貢献することが求められている。「勤労」とは，自分の務めとして心身を労して働くことである。中学生が将来の生き方について考えるとき，自分の務めとは何か，将来就きたい職業について考えることになる。職業には，自分の幸福を追求するため収入を得て個人や家庭の生活を維持するという面と，分業化の進んだ社会の中で一定の役割を果たして社会を支えるという面があり，共に重要である。また同時に，人は職業に意味を求め，自分の能力や個性を生かして自らの内面にある目的を実現するために働くという職業を使命として捉える考え方もある。職業は，一人一人の人生において重要な位置を占めており，人は働くことの喜びを通じて生きがいを感じ，社会とのつながりを実感することができる。現代社会は巨大で複雑な産業社会となり，自分のしている仕事の意義が見えにくく，自らの目的をもちづらくなっている。これまであった仕事が姿を消し，新しい仕事が創出されていく社会の中で，職業とは何かについて考えることは大切である。現代においては，転職を余儀なくされた場合でも，やり直しが可能となるよう必要な専門知識や技能を学び続けることが求められるようになっている。

　また今日，職業や勤労に対する価値観が多様化する中にあっても，勤労を支える道徳的価値として重視すべきなのは，勤勉である。勤勉とは，自己の精神を集中させようと努力することであり，一つの仕事に没頭することである。勤労を通して社会に貢献するということを自覚し，充実した生き方を追求し実現していくことが，一人一人の真の幸福につながっていくことにもなる。

(2) 指導の要点

　小学校の段階では，特に高学年で，働くことや社会に奉仕することの充実感を味わうとともに，その意義を理解し，公共のために役に立つことをすることについて学んできている。

　中学校の段階では，入学して間もない時期には，将来の生き方について漠然としか想像できていない生徒や，将来の夢や希望を描けないでいる生徒も少なくない。また，自分の職業選択においては，個人の好みや経済性を優先させ，勤労を通して社会貢献する中で得られる成就感や充実感にまで考えが及ばない生徒も多い。学年が上がるにつれて，社会の一員としての自分の役割や責任の自覚が芽生えるとともに，他者と関わり，様々な葛藤や経験の中で，自らの人生や生き方への関心が高まり，自分の生き方を模索し，夢や理想をもつようになる。一方で，現実的に進路の選択を迫られる時期でもある。

　指導に当たっては，まず，勤労の尊さを重んじる生き方を基に，社会における自らの役割や将来の生き方等についてしっかり考えさせることが大切である。保護者や地域の方に外部講師として，働くことの意味や大切さについて語ってもらう機会を設けることも効果的である。

　さらに，体験的な学習を生かして，働くことの重要性について理解を深めさせることが重要である。そのためには，キャリア教育と関連させて，職場体験活動やボランティア活動，福祉体験活動などの体験活動を生かすなど指導の工夫が求められる。勤労の尊さや意義についての考えを深めるとともに，働くことについての理解を通して職業についての正しい考え方を育てることが大切である。勤労を通して，社会貢献に伴う喜びが自らの充実感として生徒一人一人に体得され，心から満足でき，生きがいのある人生を実現しようとする意欲にまで高めたい。

14 家族愛，家庭生活の充実

> 父母，祖父母を敬愛し，家族の一員としての自覚をもって充実した家庭生活を築くこと。
>
> （小学校）［家族愛，家庭生活の充実］
> 〔第1学年及び第2学年〕 父母，祖父母を敬愛し，進んで家の手伝いなどをして，家族の役に立つこと。
> 〔第3学年及び第4学年〕 父母，祖父母を敬愛し，家族みんなで協力し合って楽しい家庭をつくること。
> 〔第5学年及び第6学年〕 父母，祖父母を敬愛し，家族の幸せを求めて，進んで役に立つことをすること。

(1) 内容項目の概要

「父母，祖父母を敬愛し」とあるのは，子供である生徒が父母，祖父母を尊敬し愛情をもって接することを意味している。家族は，親子及び兄弟姉妹という関係により一般的に成り立ち，その一人一人が，誰かと取り替えることができないかけがえのない価値を有する存在である。人間は，過去から受け継がれてきた生命の流れの中で生きている。祖父母や父母が在ること，そして自分は，そのかけがえのない子供として深い愛情をもって育てられていることに気付かせることが大切である。そのことを通して，自分の成長を願い無私の愛情をもって育ててくれた父母や祖父母に対して敬愛の気持ちを深めることが必要である。父母，祖父母に敬愛の気持ちを深めていくことや家族の中で自分の役割や責任を果たすことを通して，家族の一員であることの自覚が高まっていく。

多くの人はいずれかの家族の内に出生し，幼児期までは家庭を生活の場の中心として大半をそこで過ごす。家庭は，その後もそこから出かけていき，そこへと戻る安心できるよりどころとなる場所であり，子供を守り育てる教育の場所である。家庭は，家族と共同して生活しながら，社会の一員として正しく行動し得るための準備が行われる場所でもある。しかし家庭は，人間関係の緊密さなどを発端として生じるいさかいやトラブルなどによって，子供がゆがめられる危険性が潜む場所でもある。今日，家庭を取り巻く状況も様々であり，その姿は一様でないが，その家族を構成する成員相互の温かい信頼関係や愛情によって互いが深い絆（きずな）で結ばれていることが大切である。こうした自覚をもつことが，より充実した家庭生活を築くことにつながるのである。

(2) 指導の要点

　小学校の段階では，特に高学年で，父母，祖父母を敬愛し，家族の幸せを求めて，進んで役に立とうとすることについて学んできた。

　中学校の段階では，入学して間もない時期には，自立心も十分に育っておらず依存的な部分も見受けられる。学年が上がるにつれて，次第に自我意識が強くなり，自分の判断や意志で生きていこうとする自律への意欲が高まっていく。そのため，自分を支えてくれる父母や祖父母の言動やしつけに反抗的になりがちである。ちょっとした忠告や叱責が，あたかも自分の全てを否定するかのように思えて，時として，父母の意向に反した行動や，父母の意向を無視した行動となって現れることもある。しかも，かつてのような大家族の人間関係の中でしつけられ，喜怒哀楽を共にし，生活の苦労を分かち合いながら，人間関係の機微を学んだり，家族の連帯を自覚したりする機会も少なくなってきている。

　指導に当たっては，まず，父母や祖父母を敬愛する気持ちをより一層深めることが大切である。そして，自我意識が強まりつつある中で，家族関係を子供の視点だけでなく，家族のそれぞれの立場になって考えられるよう，多面的・多角的に捉えることができるよう指導することが大切である。

　さらに，自分と家族との関わり，家庭生活の在り方が人間としての生き方の基礎であることを十分に理解し，家族の在り方について考えることも大切なことである。その際，自分が家族の中でどのような立場にあるのか，家庭生活を営む上で，自分はどのような役割を果たせばよいのかを考え，家族の一員としての自覚をもって積極的に協力していくことが，自分の課題であることに気付くことができるようにすることが大切である。

　また，例えば，技術・家庭科の家庭分野で家族・家庭と子供の成長を学習した後に改めて家庭生活や家族の有様について考えるなど，他教科等と関連した指導も積極的に行っていく必要がある。

　なお，指導に当たっては，多様な家族構成や家庭状況があることを踏まえ，一人一人の生徒の実態を把握し十分な配慮を欠かさないようにすることが重要である。

15 よりよい学校生活，集団生活の充実

> 教師や学校の人々を敬愛し，学級や学校の一員としての自覚をもち，協力し合ってよりよい校風をつくるとともに，様々な集団の意義や集団の中での自分の役割と責任を自覚して集団生活の充実に努めること。

（小学校）［よりよい学校生活，集団生活の充実］
〔第1学年及び第2学年〕 先生を敬愛し，学校の人々に親しんで，学級や学校の生活を楽しくすること。
〔第3学年及び第4学年〕 先生や学校の人々を敬愛し，みんなで協力し合って楽しい学級や学校をつくること。
〔第5学年及び第6学年〕 先生や学校の人々を敬愛し，みんなで協力し合ってよりよい学級や学校をつくるとともに，様々な集団の中での自分の役割を自覚して集団生活の充実に努めること。

(1) 内容項目の概要

「教師や学校の人々を敬愛し」とあるのは，生徒が教師や先輩，級友，後輩との信頼関係を築き愛情をもって接することを意味している。生徒にとって学級や学校は，生活の大半を過ごす大切な場である。学校は，公的な集団生活である点で私的な集団生活の場である家庭とは大きく異なっている。教師と生徒一人一人が学級や学校で自分自身の役割と責任を果たすことや，教師や学校の人々に支えられたり指導を受けたりしながら，互いの人間関係を深め，協力して生活することを通して，尊敬や感謝の気持ちが育まれていく。また，生徒の生活の場である学校はそれぞれ一様ではなく独自の校風がある。これは一朝一夕に築かれたものではなく，これまでの先輩や保護者，地域の人々の長年にわたる努力によって培われたものである。これを後輩たちが協力し合って継承し，更に発展させよりよい校風づくりをしていくことが大切である。

人間は，他の人間と関係をもち集団をつくり上げ，様々な集団や社会の一員として生活している。それぞれ目標や立場が異なる集団に所属しながら，共同して日々の生活を営んでいる。人が，それぞれの集団の一員としてよりよく生きていくためには，自分の属する集団の意義や目指す目的を十分に理解し，自分の役割と責任を果たし集団生活の充実に努めることが大切である。そのためには集団での規則を守り，互いに協力し励まし合う関係づくりをすることが重要である。集団の中で自分の役割や責任を自覚することは，集団生活が充実するだけにとどまらず，自己の資質・能力を高め自分自身の向上につながることになる。

(2) 指導の要点

　小学校の段階では，特に高学年で，先生や学校の人々を敬愛し，みんなで協力し合ってよりよい学級や学校をつくるとともに，様々な集団の中での自分の役割を自覚して集団生活の充実に努めることについて学んできた。

　中学校の段階では，入学して間もない時期には，学校生活の環境の変化により，教師や学校の人々への敬愛の気持ちや学校に対する愛校心，集団への帰属意識も十分とは言えない傾向がある。学年が上がるにつれて，学校生活にも慣れ，集団の一員としての自覚が次第に高まっていく。学級，学校，地域社会などの様々な集団の中で互いに深く関わり合って相互理解を深め，それぞれの集団の中で人間的な成長を遂げるのにはよい時期である。一方で，自我意識が高まりつつある中で，自己の思いを先行させてしまったり，集団の一員としての所属感や一体感を強く求め，排他的になってしまったりすることもある。

　指導に当たっては，まず，生徒は学校や教師などへの関心が十分とは言えない状況の中，学校のよさや校風等を取り上げ，学級や学校の一員であることの自覚を促すことが必要である。生徒の立場に立って考え，共感的で確かな生徒理解に努めることにより人間関係を深めていくことも重要なことである。

　さらに，自らの所属する集団の目的や意義を理解するとともに，個人の力を合わせチームとして取り組んでこそ達成できることなど，集団の在り方について多面的・多角的に考えられるようにすることが大切である。自分が所属する集団にのみ関心を寄せ，自分たちの利益のみを追求し，自分と関わりが薄いと思われる集団や成員に対して無関心になってはいないか省みることも必要である。利己心や狭い仲間意識を克服し，協力し合って，集団生活の向上に努める態度を育てることが重要である。生徒一人一人が集団の中で個性を失うことがないように留意して，それぞれが伸び伸びと自らのよさを発揮できるような集団の在り方を考えられるようにする必要がある。

　また，例えば，特別活動における学校行事の儀式的行事で学校への所属感を深めた後や，文化・体育的行事において学校や学級での自らの役割や責任を果たした後などに，よりよい校風作りや集団生活の充実について考えるなど，他教科等と関連した指導も積極的に行っていく必要がある。

16　郷土の伝統と文化の尊重，郷土を愛する態度

> 郷土の伝統と文化を大切にし，社会に尽くした先人や高齢者に尊敬の念を深め，地域社会の一員としての自覚をもって郷土を愛し，進んで郷土の発展に努めること。
>
> （小学校）〔伝統と文化の尊重，国や郷土を愛する態度〕
> 〔第1学年及び第2学年〕　我が国や郷土の文化と生活に親しみ，愛着をもつこと。
> 〔第3学年及び第4学年〕　我が国や郷土の伝統と文化を大切にし，国や郷土を愛する心をもつこと。
> 〔第5学年及び第6学年〕　我が国や郷土の伝統と文化を大切にし，先人の努力を知り，国や郷土を愛する心をもつこと。

(1) 内容項目の概要

「郷土」とは，自分の生まれ育った土地ないし地理的環境のことである。また，郷土とは文化的な面を含んでおり，自らがその土地で育てられてきたことに伴う精神的なつながりがある場所を示している。「伝統」とは，長い歴史を通じて培い，伝えてきた信仰・風習・制度・思想・学問・芸術などのことであるとともに，特にそれらの中心をなす精神的な在り方のことである。「文化」とは，人間が自然に手を加えて形成してきた物心両面の成果を指し，衣食住をはじめ技術・学問・芸術・道徳・宗教・政治など生活形成の様式と内容を含んでいる。人々は一定の地域に住み，一定の歴史と文化をもち，公共の場所を共有し，相互の連帯意識によって結ばれてきた。地域社会には，そこに住む人々により長い間維持されてきた習慣などの独自の行動様式や文化型式が実践されている。地域社会の行事に参加し，地域の人々と様々な関係をもち共同することで，地域社会の成員としての公共性を身に付けることができる。

今日の我が国においては，都市化が進む一方で過疎化も進んでおり，そのために郷土に対する愛着や郷土意識が希薄になっている傾向が見られる。しかし，生徒にとって，地域社会は家庭や学校とともに大切な生活の場である。郷土によって育まれてきた伝統と文化に触れ，体験することを通して，そのよさに気付き，郷土に対する誇りや愛着をもつとともに，郷土に対して主体的に関わろうとする心や態度も育まれる。また，社会に尽くした先人や高齢者などの先達のおかげで，今のこの暮らしを営むことができているのだと認識することにより，尊敬の念や感謝の気持ちを深め，今後は，自分たちの力で，地域に住む人々とともに，地域社会をよりよいものに発展させていこうとする自覚をもつことが必要になってくる。

(2) 指導の要点

　小学校の段階では，特に高学年で，我が国や郷土の伝統と文化を大切にし，先人の努力を知り，国や郷土を愛する心をもつことを学んできている。

　中学校の段階では，自我の確立を強く意識するあまり，ともすれば，自分が自分だけで存在していると考えがちである。このような傾向を考えるとき，自分だけで存在しているのではなく，家族や社会に尽くした先人や高齢者などの先達によって自分が支えられて生きていることを自覚し，それらの人々への尊敬と感謝の気持ちを深めることは極めて大切なことである。郷土や地域を愛し，積極的・主体的に関わり，郷土のために自分ができることは何かを考え，郷土の発展のために自分が寄与しようという意識を高めたい。

　指導に当たっては，まず，地域の人々との人間関係を問い直したり，地域社会の実態を把握させたりして，郷土に対する認識を深め，郷土を愛しその発展に努めるよう指導していく必要がある。問題意識をもち，進んで郷土の発展に努めようとする実践意欲と態度を育てることが求められる。

　しかしながら，多くの地域で，生徒たちは地域に住む人々との触れ合いや，共に協力して何かを成し遂げるという機会が少なくなってきている状況は否めない。そこでさらに，地域の方に郷土の伝統文化を尊重し郷土を愛する思いを語ってもらうことや，郷土について調べたことや地域の行事への参加体験等に基づいた話合いを通して，郷土に対する認識を深め，郷土を愛しその発展に努めるよう指導していく必要がある。また，地域社会に尽くし，自己の人生を大切にして生きてきた先人や高齢者などの先達への尊敬と感謝の気持ちを育むよう指導の工夫に努めることも大切である。

17　我が国の伝統と文化の尊重，国を愛する態度

> 　優れた伝統の継承と新しい文化の創造に貢献するとともに，日本人としての自覚をもって国を愛し，国家及び社会の形成者として，その発展に努めること。

（小学校）〔伝統と文化の尊重，国や郷土を愛する態度〕
　〔第1学年及び第2学年〕　我が国や郷土の文化と生活に親しみ，愛着をもつこと。
　〔第3学年及び第4学年〕　我が国や郷土の伝統と文化を大切にし，国や郷土を愛する心をもつこと。
　〔第5学年及び第6学年〕　我が国や郷土の伝統と文化を大切にし，先人の努力を知り，国や郷土を愛する心をもつこと。

(1) 内容項目の概要

　地域社会や郷土を前提としつつ，主権という観点を踏まえた歴史的，文化的共同体として国家や国は存在する。そして前内容項目の地域社会に尽くした先人や高齢者などの先達に尊敬と感謝の念を深める心は，国家という視点で考えれば，優れた伝統の継承，新しい文化の創造，国を愛し，国家及び社会の形成者として，その発展に努める心につながっていく。

　この内容項目は，学習指導要領第1章総則の第1の2の(2)に示された「個性豊かな文化の創造」や「主体性のある日本人の育成」と密接な関係にある。「伝統の継承」とは，我が国の長い歴史を通じて培われ，受け継がれてきた風俗，慣習，芸術などを大切にし，それらを次代に引き継いでいくことを意味する。「新しい文化の創造」とは，これまで培われた伝統や文化を踏まえ，更に発展させ，時には他の文化も取り入れながら個性豊かな新しい文化を生み出すことを意味する。そのためには，古いものを改めていくことも大切であるが，先人の残した有形無形の文化遺産の中に優れたものを見いだし，それを生み出した精神に学び，継承し発展させていくことが必要である。

　また，国際社会と向き合うことが求められている我が国の一員としての自覚をもって生きていくには，鋭い国際感覚をもち広い視野に立ちながらも，自己がよって立つ基盤にしっかりと根を下ろしていることが必要である。「国を愛し」とは，歴史的・文化的な共同体としての我が国を愛し，国家及び社会の形成者として，その発展を願い，それに寄与しようとすることであり，そのような態度は心と一体として養われるものであるという趣旨である。我が国の伝統と文化に対する関心や理解を深め，それを尊重し，継承・発展させる態度を育成するとともに，それらを育んできた我が国への親しみや愛着の情を深め，そこにしっかりと根を下ろし，他国と日本との関わりについて考え，日本人としての自覚をもって，新しい文化の創造と社会の発展に貢献し得る能力や態度が養われる必要がある。国家

の発展に努めることは,国民全体の幸福と国としてのよりよい在り方を願ってその増進に向けて努力することにほかならない。

なお,内容項目に規定している「国」や「国家」とは,政府や内閣などの統治機構を意味するものではなく,歴史的に形成されてきた国民,国土,伝統,文化などからなる,歴史的・文化的な共同体としての国を意味しているものである。

(2) 指導の要点

小学校の段階では,特に高学年において,我が国や郷土の伝統と文化を大切にし,先人の努力を知り,国や郷土を愛する心をもつことについて学習してきている。

中学校の段階では,入学して間もない時期には,日本の国土や歴史に対する理解が深まり,伝統と文化に対しても一層関心をもつようになる。学年が上がるにつれて,我が国固有の優れた伝統と文化などの価値を継承し新たな文化を創造していこうとする態度,国を愛する心と国家の発展に寄与しようとする態度を育成することが大切となる。なお,ここで言う「国を愛する心」とは,教育基本法において,教育の目標として,「伝統と文化を尊重し,それらをはぐくんできた我が国や郷土を愛する」態度(第2条第5号)を養うと定めているのと同様の趣旨であり,我が国や郷土を愛する「態度」と「心」は,教育の過程を通じて,一体として養われるものである。

指導に当たっては,まず,我が国の発展に尽くし優れた伝統と文化を育んできた先人たちの努力とその精神をたどり,そのよさを理解して継承するとともに,新たな文化を創造してその発展に寄与していく責務があることを自覚し,国家及び社会の形成者として,そのことに努めていこうとする意欲と態度を育てる必要がある。そのためには,人間が既にそうした伝統や文化の中に身を置いて生きており,また身をもってそれらを理解する働きを通して先人たちと対話し,新たな伝統や文化を形成してきたことを踏まえる必要がある。

さらに,次の内容項目の「国際理解,国際貢献」との関わりをも踏まえて,国際社会と向き合うことが求められている我が国の一員としての自覚に関する内容や,国際社会との関わりについて考えを深めることも求められる。グローバル化や情報通信技術などが進展すればするほど,日本人としての自覚をもつことが大切になってくる。

なお,その際,国を愛することは,偏狭で排他的な自国賛美ではなく,国際社会と向き合うことが求められている我が国の一員としての自覚と責任をもって,国際貢献に努めようとする態度につながっている点に留意する必要がある。そのためにも,国を愛することと,次の内容項目の「国際理解,国際貢献」とは切り離せない関係にあることに配慮した指導が大切である。

18 国際理解，国際貢献

> 世界の中の日本人としての自覚をもち，他国を尊重し，国際的視野に立って，世界の平和と人類の発展に寄与すること。

（小学校）〔国際理解，国際親善〕
〔第1学年及び第2学年〕 他国の人々や文化に親しむこと。
〔第3学年及び第4学年〕 他国の人々や文化に親しみ，関心をもつこと。
〔第5学年及び第6学年〕 他国の人々や文化について理解し，日本人としての自覚をもって国際親善に努めること。

(1) 内容項目の概要

今日，グローバル化が進展する中で，様々な文化や価値観を背景とする人々と相互に尊重し合いながら生きることや，科学技術の発展や社会・経済の変化の中で，人間の幸福と社会の発展の調和的な実現を図ることが一層重要な課題となっている。私たちは，地球規模の相互依存関係の中で生きており，我が国が，国際的な関わりをもつことなく孤立して存在することはできない。今日私たちが抱える問題，例えば環境や資源，食料や健康，危機管理などは，どれも一地域や一国内にとどまる問題ではない。既に，日本人が自分たちだけの幸せを追い求めることに終始することは難しくなってきているのである。したがって，将来の我が国を担う中学生には，日本のことだけを考えるのでなく，国際的視野に立ち，すなわち，広く世界の諸情勢に目を向けつつ，日本人としての自覚をしっかりもって国際理解に努めることが必要である。「他国を尊重」するとは，他の地域や国々はそれぞれの文化や伝統，歴史をもっており，地域や国々の在り方，あるいはそうした地域や国々がもっている理想等を，違いは違いとして理解し，それを尊重していくことを意味している。そのことを踏まえつつ，平和は，全ての国々の万人の心の内で模索すべき道徳的課題の一つであるということを理解する必要がある。日常生活の中で社会連帯の自覚に基づき，あらゆる時と場所において協働の場を実現していく努力こそ，平和で民主的な国家及び社会を実現する根本であり，国際的視野に立って世界の平和に貢献することにつながる。人間の存在や価値について理解を深め，よりよい社会が形成されるよう人類の発展に貢献する意欲を高めることが求められる。その際，持続可能な社会の形成という視点をもつとともに，国際協力や国際協調の面から考えることも大切である。ここで，「世界の中の日本人としての自覚」と示しているのは，他国の人々や文化を尊重し，国際的視野に立って，世界の平和と人類の発展に貢献し，世界の人々から信頼される人間の育成を目指しているためである。

(2) 指導の要点

　小学校の段階では，特に高学年において，他国の人々や文化について理解し，日本人としての自覚をもって国際親善に努めることについて学習してきている。

　中学校の段階では，入学して間もない時期に，他教科等の学習とも相まって，これまで以上に世界の様々な国々に対しての興味・関心が高まってくる。学年が上がるにつれて，知識基盤社会の中では諸外国の政治・経済・文化をはじめとする様々な分野について，多くの知識・情報・技術を瞬時に手に入れることもできるようになり，世界の国々との様々な形で関わりを体験する機会も増えてくる。我が国の伝統や文化への深い理解はもとより，世界の人々と関わり，異文化への理解を深める機会を得たいという気持ちが大きくなる。

　指導に当たっては，まず，他国には日本と同じように，その国の伝統に裏打ちされたよさがあることや，例えば，我が国と同様，他国にも国旗や国歌があり，相互に尊重すべきことなどを学習する中で，その国独自の伝統と文化に各国民が誇りをもっていることなどを理解させることが大切である。その際，伝統や文化は，人間としての共通の願いから形成されてきているという理解に立って，他国の人々や異文化に対する理解と尊敬の念が重視されなければならない。その上で，様々な文化のもつ多様性の尊重や価値観の異なる他者との共生などについても考えを深める必要がある。今後ますますグローバルな相互依存関係の中で生きていく中学生にとって，広く世界の諸情勢に目を向け，国際社会で生きる能力を身に付けることはこれまで以上に必要となる。そうした社会の変化に能動的に対応できるとともに，国際社会において自らの役割と責任を果たすことができる日本人となることが求められる。

　さらに，世界の平和と人類の発展に貢献するという理想を抱き，その理想の実現に努めることが大切である。その理想の実現のための基本になるのは，国によってものの感じ方や考え方，生活習慣などが違っても，どの国の人々も同じ人間として尊重し合い，差別や偏見をもたずに公正，公平に接するということであり，このことは，日本人だけに求められるものではない道徳的価値である。

　なお，宗教が社会で果たしている役割や宗教に関する寛容の態度などに関しては，教育基本法第15条の規定を踏まえた配慮を行うとともに，宗教について理解を深めることが，自ら人間としての生き方について考えを深めることになるという意義を十分考慮して指導に当たることが必要である。

D 主として生命や自然，崇高なものとの関わりに関すること
19 生命の尊さ

> 生命の尊さについて，その連続性や有限性なども含めて理解し，かけがえのない生命を尊重すること。
>
> （小学校）［生命の尊さ］
> 〔第1学年及び第2学年〕 生きることのすばらしさを知り，生命を大切にすること。
> 〔第3学年及び第4学年〕 生命の尊さを知り，生命あるものを大切にすること。
> 〔第5学年及び第6学年〕 生命が多くの生命のつながりの中にあるかけがえのないものであることを理解し，生命を尊重すること。

(1) 内容項目の概要

　生命を尊ぶことは，かけがえのない生命をいとおしみ，自らもまた多くの生命によって生かされていることに素直に応えようとする心の現れと言える。ここで言う生命は，連続性や有限性を有する生物的・身体的生命に限ることではなく，その関係性や精神性においての社会的・文化的生命，さらには人間の力を超えた畏敬されるべき生命として捉えている。そうした生命のもつ侵し難い尊さが認識されることにより，生命はかけがえのない大切なものであって，決して軽々しく扱われてはならないとする態度が育まれるのである。

　生命を尊ぶためには，まず自己の生命の尊厳，尊さを深く考えることが重要である。生きていることの有り難さに深く思いを寄せることから，自己以外のあらゆる生命の尊さへの理解につながるように指導することが求められる。

　近年，生徒の生活様式も変化し，自然や人間との関わりの希薄さから，生命あるものとの接触が少なくなり，生命の尊さについて考える機会を失いつつある。「生命の尊さ」という価値についての理解には，「生命」そのものに対する理解が前提であり，しかもその豊かさと深まりが重要となる。また，中学生の時期は，比較的健康に毎日を過ごせる場合が多いため，自己の生命に対する有り難みを感じている生徒は決して多いとは言えない。身近な人の死に接したり，人間の生命の有限さやかけがえのなさに心を揺り動かされたりする経験をもつことも少なくなっている。このことが，生命軽視の軽はずみな言動につながり，いじめなどの社会的な問題となることもある。

(2) 指導の要点

　小学校の段階では、特に高学年で、個々の生命が互いを尊重し、つながりの中にあるすばらしさを考え、生命のかけがえのなさについて理解を深めるとともに、生命に対する畏敬の念を育てられるよう指導している。

　中学校の段階では、入学して間もない時期には、小学校段階からの生命のかけがえのなさについての理解を一層深めるとともに、人間の生命の有限性だけでなく連続性を考えることができるようになっている。学年が上がるにつれて、生命について、連続性や有限性だけでなく、自分が今ここにいることの不思議（偶然性）、社会的関係性や自然界における他の生命との関係性などの側面からより多面的・多角的に捉え、考えさせ、生命の尊さを理解できるようになり、かけがえのない生命を尊重することについてより深く学ぶことができるようになる。

　指導に当たっては、まず、人間の生命のみならず身近な動植物をはじめ生きとし生けるものの生命の尊さに気付かせ、生命あるものは互いに支え合って生き、生かされていることに感謝の念をもつよう指導することが重要な課題となる。例えば、それぞれの生命体が唯一無二の存在であること、しかもそれらは全て生きているということにおいて共通であるということ、自分が今ここにいることの不思議（偶然性）、生命にいつか終わりがあること、その消滅は不可逆的で取り返しがつかないこと（有限性）、生命はずっとつながっているとともに関わり合っていること（連続性）、生命体の組織や生命維持の仕組みの不思議などを手掛かりに改めて考えさせることができる。そうした学習を通して、自らの生命の大切さを深く自覚させるとともに、他の生命を尊重する態度を身に付けさせることが大切である。

　さらに、理科や保健体育、技術・家庭などの他教科等での学習も踏まえつつ、生命倫理に関わる現代的な課題を取り上げ、話し合い、多様な考えを交流することにより、生命とは何か、その尊さを守るためにはどのように考えていったらよいかなど、生命尊重への学びをより深めることもできる。

　この内容項目は、道徳科の内容全体に関わる項目であり、他の内容項目の指導においても、生命尊重に関連する事項を扱う場合には、この内容項目との関連を意識した指導に留意したい。また、教育活動全体の取組を通じて、自己肯定感や自己有用感の高まりから、生徒一人一人の自尊感情を高めることにもつながるような指導の工夫も大切である。

20 自然愛護

> 自然の崇高さを知り，自然環境を大切にすることの意義を理解し，進んで自然の愛護に努めること。
>
> (小学校)〔自然愛護〕
> 〔第1学年及び第2学年〕 身近な自然に親しみ，動植物に優しい心で接すること。
> 〔第3学年及び第4学年〕 自然のすばらしさや不思議さを感じ取り，自然や動植物を大切にすること。
> 〔第5学年及び第6学年〕 自然の偉大さを知り，自然環境を大切にすること。

(1) 内容項目の概要

人は，長い年月の間存続してきた自然や，人の営みがつくり出した自然の美しさに触れたり，親しんだりすることにより自らの人生を豊かにしてきた面が強い。「自然の崇高さを知」るとは，自然の美しさや神秘さを感性で受けとめるとともに，自然が人間の力が及ばない存在であり，時として我々に「恐れ」や「緊張」をもたらすものであるということを理性でも認識することである。自然との関わりを深く認識すれば，人間は様々な意味で有限なものであり，自然の中で生かされていることを自覚することができる。

「自然環境を大切にすることの意義を理解」することとは，人間は有限なものであるという自覚によって，自然の中で生かされている人間が，自然に対して謙虚に向き合うことの大切さを理解することにほかならない。その理解が，生命の大切さや尊さ，人間として生きることのすばらしさの自覚につながり，とかく独善的になりやすい人間の心を反省させ，生きとし生けるものに対する感謝と尊敬の心を生み出し，自然を大切にすることの意義を実感することができるのである。

「進んで自然の愛護に努める」とは，人間が自然の主となって保護し愛するということではなく，自然の生命を感じ取り，自然との心のつながりを見いだして共に生きようとする自然への積極的な対し方である。人の手が加わっていない自然をむやみに破壊せず，可能なかぎり維持，保全しようとする意識が高まることにより，自ら様々な環境を保全する活動に参加したり，参加ができない場合にも，その考え方に共感し，自分のできる範囲で貢献しようとしたりする態度が育まれるのである。

(2) 指導の要点

　小学校の段階では，自然のすばらしさや不思議さ，偉大さを知り，自然環境を大切にすることについて学んできている。

　中学校の段階では，入学して間もない時期には，豊かな感受性が育ってくるとともに，様々な体験を通じて自然の美しさに癒やされる自己に気付くようにもなる。学年が上がるにつれて，理科などの学習や防災に関する学習を通して，自然の力のすさまじさと人間の力の限界を理解し，人間の力を超えた自然の崇高さを感性と理性の両面で捉えるようになる。

　指導に当たっては，まず，例えば，すばらしい自然風景・絶景との出会いを振り返り，そこでの感動や不思議に思ったことなどの体験を生かして，人間と自然との関わりを多面的・多角的に捉え，自然を愛し，守ることといった環境の保全を通して，有限な人間の力を超えたものを謙虚に受け止める心を育てることが求められる。

　さらに，高等学校段階への発展を踏まえて，自然を美の対象としてだけではなく，畏敬の対象として捉えさせることが大切である。その際，阪神・淡路大震災，東日本大震災などの災害の事実の理解から自然に対する人間の有限性を考えさせるなど，事実や事象の知的な理解を基にしながら，自然の中で生かされていることを謙虚に受け止める感性を高めることに留意する必要がある。そのことが，自然を外から制御する者となって保護するという自然への対し方ではなく，一人一人が自然との心のつながりを見いだし同行する者として生きようとする自然への対し方につながり，持続可能な開発目標（SDGs）のための教育でも求められる，現在及び未来の自然環境の課題に取り組むために必要な心を育てることになる。

21 感動, 畏敬の念

> 美しいものや気高いものに感動する心をもち,人間の力を超えたものに対する畏敬の念を深めること。
>
> (小学校)〔感動,畏敬の念〕
> 〔第1学年及び第2学年〕 美しいものに触れ,すがすがしい心をもつこと。
> 〔第3学年及び第4学年〕 美しいものや気高いものに感動する心をもつこと。
> 〔第5学年及び第6学年〕 美しいものや気高いものに感動する心や人間の力を超えたものに対する畏敬の念をもつこと。

(1) 内容項目の概要

　人は,長い年月の間存続してきたり,人が育んできたりした自然の美しさや,優れた芸術作品や芸術家の技に触れることによって,自らの人生を豊かで味わい深いものにしてきた面もある。さらに,人間のもつ心の崇高さや偉大さに感動したり,真理を求め,自分の可能性にひたむきに挑戦する人間の姿に心を打たれたりすることがある。「感動」とは,物事に深く感じて心が動くことである。小学校低学年の内容項目においては,「すがすがしい心」と示されている。このような自然や芸術,人の生き方など,美しいものや気高いものに触れることによって,人は感動を味わい,人生をより豊かなものとすることができる。気高さは,品格のある人の生き方の中に感じ取られるものであるが,自己を犠牲にした生き方を賛美したり強いたりすることではない。異質なものとの出会いや非日常的な体験などの際にも,人は感動する。

　また,「畏敬」とは,「畏れる」という意味での畏怖という面と,「敬う」という意味での尊敬,尊重という面が含まれている。畏れかしこまって近づけないということである。人間としての自己の在り方を深く探究するとき,人間は様々な意味で有限なものであり,自然の中で生かされていることを自覚することができる。この自覚とともに,人間の力を超えたものを素直に感じ取る心が深まり,これに対する畏敬の念が芽生えてくるであろう。また,この人間は有限なものであるという自覚は,生命のかけがえのなさや尊さ,人間として生きることのすばらしさの自覚につながり,とかく独善的になりやすい人間の心を反省させ,生きとし生けるものに対する感謝と尊敬の心を生み出していくものである。

(2) 指導の要点

　小学校の段階では，特に高学年で，文学作品，絵画や造形作品などの美術，壮大な音楽など美しいものとの関わりを通して，感動したり尊敬や畏敬の念を深めたりすることで，人間としての在り方をより深いところから見つめ直すことができるよう指導を行っている。

　中学校の段階では，入学して間もない時期には，すばらしい自然の美や芸術，品格のある気高い人間の生き方に触れることを通して，豊かな感受性が育ってくる。学年が上がるにつれて，美的な情操が豊かになり，感動する心が育ち，自然や人間の力を超えたものに対して美しさや神秘さを感じ，その中で癒やされる自己に気付くようにもなる。

　指導に当たっては，まず，例えば，体験活動等における，自然の織りなす美しい風景や優れた芸術作品等の美しいものとの出会いを振り返り，そこでの感動や畏怖の念，不思議に思ったことなどの体験を生かして，人間と自然，あるいは美しいものとの関わりを多面的・多角的に捉えさせることが大切である。畏敬は，非日常的な体験を通して初めて自覚されることが多い。例えば，小さな子供が遊びの中で昆虫の命を奪ってしまったときに感じる恐ろしさや，その子供が同時に抱く命への尊敬の気持ちなど，これまでの経験を想起させ，生命の尊さの内容と関連させながら畏敬の念について話し合わせることで，抽象的な言葉による理解ではなく，人間理解に基づいて畏敬の念について深く考えることができる。

　さらに，心の奥深さや清らかさを描いた文学作品等の気高いものとの出会いを振り返り，有限な人間の力を超えたものを謙虚に受け止める心を育てることが求められる。こうした指導を通して豊かな心を育てることが，人間としての成長をより確かなものにすることにつながるのである。

22 よりよく生きる喜び

> 人間には自らの弱さや醜さを克服する強さや気高く生きようとする心があることを理解し,人間として生きることに喜びを見いだすこと。
>
> (小学校)〔よりよく生きる喜び〕
> 〔第5学年及び第6学年〕 よりよく生きようとする人間の強さや気高さを理解し,人間として生きる喜びを感じること。

(1) 内容項目の概要

　誰でも,自分に自信がもてなかったり,劣等感に悩んだり,誰かを妬んだり,恨んだりすることがある。欠点や弱点がない人間はいない。ありのままの人間は,決して完全なものではない。誰の心の中にも弱さや醜さがある。自分を律することができず,ついつい怠けてしまうことがある。してはいけないと知りつつ,意地悪なことをしてしまうこともある。自分の利益を最優先にして,他人の不利益を無視して行動してしまうこともある。人間の存在自体,「人間はひとくきの葦(あし)にすぎない。自然の中で最も弱いものである。」というパスカルの言葉のとおり,風にそよぐ葦(あし)のようにはかなく弱いものである。しかしながら,同時に,人間はその弱さや醜さを克服したいと願う心をもっている。パスカルは,「だが,それは考える葦(あし)である。」と続け,思考が人間の偉大さをつくると考えた。人間は,総体として弱さはもっているが,それを乗り越え,次に向かっていくところにすばらしさがある。時として様々な誘惑に負け,やすきに流れることもあるが,誰もがもつ良心によって悩み,苦しみ,良心の責めと戦いながら,呵責(かしゃく)に耐えきれない自分の存在を深く意識するようになる。こうした苦しみに打ち勝って,恥とは何か,誇りとは何かを知り,自分に誇りをもつことができたとき,人間として生きる喜びに気付くことができる。そして,人間として生きることへの喜びや人間の行為の美しさに気付いたとき,人間は強く,また,気高い存在になり得るのである。「気高く生きようとする心」とは,自己の良心に従って人間性に外れずに生きようとする心である。良心とは,自己の行為や性格の善悪を自覚し,善を行うことを命じ,悪を退けることを求める心の動きである。義務の観念と深く関わり,義務を遂行できなかったとき深い後悔の念を抱き,義務を遂行でき他者との絆(きずな)を守れたとき本来の自己を取り戻せたとして喜びを感じる。このことは,自己の弱さや醜さに向き合うことがなければ,気付くことができない自己の強さであり,気高さである。人間の強さと気高さは,弱さと醜さと決して離れているわけではなく,言わば,表裏の関係ということになろう。ここで言う人間として

の生きる喜びとは，自己満足ではなく，人間としての誇りや深い人間愛でもあり，崇高な人生を目指し，同じ人間として共に生きていくことへの深い喜びでもある。

(2) 指導の要点

　小学校の段階では，高学年に，今回初めてこの内容項目が置かれた。そのため，近隣の小・中学校が連携協力し，発達の段階に応じた指導内容と方法について工夫を重ねることが必要である。自分を高め，身近な仲間とよい関係を築き，人間としての強さや気高さを身に付けて生きようとする項目であり，いじめの防止等にもつながる内容項目である。

　中学校の段階では，入学して間もない時期には，人間が内に弱さや醜さをもつと同時に，強さや気高さを併せてもつことを理解することができるようになってくる。しかし，なかなか自分に自信がもてずに，劣等感にさいなまれたり，人を妬み，恨み，うらやましく思ったりすることもある。学年が上がるにつれて，崇高な人生を送りたいという人間のもつ気高さを追い求める心が強くなる。自分を含め，人は誰でも人間らしいよさをもっていることを認めるとともに，決して人間に絶望することなく，誰に対しても人間としてのよさを見いだしていこうとする態度が次第に育ってくる。

　指導に当たっては，まず，自分だけが弱いのではないということに気付かせることが大切である。弱さや醜さだけを強調したり，弱い自分と気高さの対比に終わったりすることなく，自分を奮い立たせることで目指す生き方や誇りある生き方に近付けるということに目を向けられるようにする必要がある。

　さらに，人間がもつ強さや気高さについて十分に理解できるようにすることが大切である。先人の気高い生き方などから，内なる自分に恥じない，誇りある生き方，夢や希望など喜びのある生き方を見いだすことができるようになる。生徒が，自分の弱さを強さに，醜さを気高さに変えられるという確かな自信をもち自己肯定でき，よりよく生きる喜びを見いだせるような指導が求められる。

第4章　指導計画の作成と内容の取扱い

第1節　指導計画作成上の配慮事項

> （「第3章　特別の教科　道徳」の「第3　指導計画の作成と内容の取扱い」の1）
> 1　各学校においては，道徳教育の全体計画に基づき，各教科，総合的な学習の時間及び特別活動との関連を考慮しながら，道徳科の年間指導計画を作成するものとする。なお，作成に当たっては，第2に示す内容項目について，各学年において全て取り上げることとする。その際，生徒や学校の実態に応じ，3学年間を見通した重点的な指導や内容項目間の関連を密にした指導，一つの内容項目を複数の時間で扱う指導を取り入れるなどの工夫を行うものとする。

1　指導計画作成の方針と推進体制の確立

　道徳科の指導計画については，第3章の第3の1において，「各学校においては，道徳教育の全体計画に基づき，各教科，総合的な学習の時間及び特別活動との関連を考慮しながら，道徳科の年間指導計画を作成するものとする」としている。道徳科の指導は，学校の道徳教育の目標を達成するために行うものであることから，学校においては，校長が道徳教育の方針を明確にし，全教師に周知するとともに，指導力を発揮して，道徳教育の推進を主に担当する教師（以下「道徳教育推進教師」という。）を中心にした指導体制を整え，道徳教育の全体計画に基づく道徳科の年間指導計画を，全教師の共通認識の下に作成する必要がある。

2　年間指導計画の意義と内容

(1) 年間指導計画の意義

　年間指導計画は，道徳科の指導が，道徳教育の全体計画に基づき，各教科等の年間指導計画との関連をもちながら，生徒の発達の段階に即して計画的，発展的に行われるように組織された全学年にわたる年間の指導計画である。具体的には，道徳科において指導しようとする内容について，学校独自の重点内容項目や生徒の実態や多様な指導方法等を考慮して，学年ごとに主題を構成し，この主題を年間にわたって適切に位置付け，配列し，学習指導過程等を示すなど授業を円滑に行うことができるように示したものである。

なお，道徳科の主題は，指導を行うに当たって，何をねらいとし，どのように教材を活用するかを構想する指導のまとまりを示すものであり，「ねらい」とそれを達成するための教材によって構成される。

　このような年間指導計画は，特に次の諸点において重要な意義をもっている。

　ア　3学年間を見通した計画的，発展的な指導を可能にする

　　　生徒，学校及び地域の実態に応じて，年間にわたり，また3学年間を見通した重点的な指導や内容項目間の関連を図った指導を可能にする。

　イ　個々の学級において，道徳科の学習指導案を立案するよりどころとなる

　　　道徳科の授業は年間指導計画に基づいて実施することが基本であり，個々の学級の生徒の実態に合わせて，年間指導計画における主題の構想を具体化し，学習指導案を具体的に考える際のよりどころとなる。

　ウ　学級相互，学年相互の教師間の研修などの手掛かりとなる

　　　年間指導計画を踏まえて授業前に指導方法等を検討したり，情報を交換したり，授業を実際に参観し合ったりするときの基本的な情報として生かすことができる。

(2) 年間指導計画の内容

　年間指導計画は，各学校において道徳科の授業を計画的，発展的に行うための指針となるものであり，各学校が創意工夫をして作成されるものであるが，上記の意義に基づいて，特に次の内容を明記しておくことが必要である。

　ア　各学年の基本方針

　　　全体計画に示されている道徳教育の目標に基づき，道徳科における指導について学年ごとの基本方針を具体的に示す。

　イ　各学年の年間にわたる指導の概要

　　　具備することが求められる事項としては，次のものがある。

　　(ア)　指導の時期

　　　　学年又は学級ごとの実施予定の時期を記載する。

　　(イ)　主題名

　　　　ねらいと教材で構成した主題を，授業の内容が概観できるように端的に表したものを記述する。

　　(ウ)　ねらい

　　　　道徳科の内容項目を基に，ねらいとする道徳的価値や道徳性の様相を端的に表したものを記述する。

　　(エ)　教材

　　　　教科用図書やその他，授業において用いる副読本等の中から，指導で用

いる教材の題名を記述する。なお，出典等を併記する。
- (オ) 主題構成の理由

  ねらいを達成するために教材を選定した理由を簡略に示す。
- (カ) 学習指導過程と指導の方法

  ねらいを踏まえて，教材をどのように活用し，どのような学習指導過程や指導方法で学習を進めるのかについて簡潔に示す。
- (キ) 他の教育活動等における道徳教育との関連

  他の教育活動において授業で取り上げる道徳的価値に関わってどのような指導が行われるのか，日常の学級経営においてどのような配慮がなされるのかなどを示す。
- (ク) その他

  例えば，校長や教頭などの参加，他の教師の協力的な指導の計画，保護者や地域の人々の参加・協力の計画，複数の時間で取り上げる内容項目の場合は各時間の相互の指導の関連などの構想，年間指導計画の改善に関わる事項を記述する備考欄などを示すことが考えられる。

なお，指導の時期，主題名，ねらい及び教材を一覧にした配列表だけでは年間指導計画としては機能しにくい。そのような一覧表を示す場合においても，学習指導過程等を含むものなど，各時間の指導の概要が分かるようなものを加えることが求められる。

●3 年間指導計画作成上の創意工夫と留意点

年間指導計画を活用しやすいものとし，指導の効果を高めるために，特に創意工夫し留意すべきこととして次のことが挙げられる。

(1) 主題の設定と配列を工夫する

ねらいと教材で構成する主題の設定においては，特に主題に関わる道徳教育の状況，それに伴う生徒の実態などを考慮する。また，ねらいとしては，道徳的諸価値についての理解を基に，自己を見つめ，物事を広い視野から多面的・多角的に考え，人間としての生き方について考えを深める学習のための根源的なものを押さえておく必要がある。教材は，ねらいとの関連において生徒の心に響くものを多様に選択する。さらに，主題の配列に当たっては，主題の性格，他の教育活動との関連，地域社会の行事，季節的変化などを十分に考慮することが望まれる。

(2) 計画的,発展的指導ができるように工夫する

　内容項目の全体構成及び相互の関連性や発展性を考慮して,3学年間を見通した計画的,発展的な指導が行えるように工夫する。また,小学校における道徳科との関連,家庭や地域社会との連携を図るよう工夫することも望まれる。

(3) 重点的な指導ができるように工夫する

　内容項目の指導については,生徒や学校の実態に応じて重点的指導を工夫し,内容項目全体の効果的な指導が行えるよう配慮する必要がある。その場合には,学校が重点的に指導しようとする内容項目の指導時間数を増やし,一定の期間をおいて繰り返し取り上げる,何回かに分けて指導するなどの配列を工夫したり,内容項目によっては,ねらいや教材の質的な深まりを図ったり,問題解決的な学習など多様な指導の方法を用いたりするなどの工夫が考えられる。そのためには,研修などにより教師が内容項目を十分理解し,生徒の実態に即した指導を行う必要がある。

(4) 各教科等,体験活動等との関連的指導を工夫する

　年間にわたって位置付けた主題については,各教科等との関連を図ることで指導の効果を高められる場合は,指導の内容及び時期を配慮して年間指導計画に位置付けるなど,具体的な関連の見通しをもつことができるように工夫することも考えられる。

　また,生徒自らが成長を実感でき,これからの課題や目標が見付けられるよう,学校や家庭・地域社会における職場体験活動やボランティア活動,自然体験活動などの道徳性を養うための体験活動や情操を育む活動を積極的に活用したり,校長や教頭をはじめ他の教師等も積極的に参加するティーム・ティーチング,さらに,地域の人々や保護者から積極的に授業の参加協力を得たりするなど,指導者が道徳教育推進教師と連携を密にしながら,多様な指導方法や学習形態の工夫を図ることも重要である。さらに,特別活動の特質を十分に踏まえた上で,各学校において,特別活動と道徳科のそれぞれの役割を明確にしつつ,連携を一層密にした計画的な指導を行うことが求められる。

(5) 複数時間の関連を図った指導を取り入れる

　道徳科においては,一つの主題を1単位時間で取り扱うことが一般的であるが,内容によっては複数の時間の関連を図った指導の工夫などを計画的に位置付けて行うことも考えられる。例えば,一つの主題を2単位時間にわたって指導し,道徳的諸価値の理解に基づいて人間としての生き方についての学習を充実させる方

法，重点的な指導を行う内容を複数の教材による指導と関連させて進める方法など，様々な方法が考えられる。

(6) 計画の弾力的な取扱いについて配慮する

　年間指導計画は，学校の教育計画として意図的，計画的に作成されたものであり，指導者の恣意による不用意な変更や修正が行われるべきではない。変更や修正を行う場合は，生徒の道徳性を養うという観点から考えて，より大きな効果を期待できるという判断を前提として，学年などによる検討を経て校長の了解を得ることが必要である。

　そして，変更した理由を備考欄などに記入し，今後の検討課題にすることが大切である。

　なお，年間指導計画の弾力的な取扱いについては，次のような場合が考えられる。

　ア　時期，時数の変更

　　生徒の実態などに即して，指導の時期，時数を変更することが考えられる。しかし，指導者の恣意による変更や，あらかじめ年間指導計画の一部を空白にしておくことは，指導計画の在り方から考えて，避けなければならない。

　イ　ねらいの変更

　　年間指導計画に予定されている主題のねらいを一部変更することも考えられる。ねらいの変更は，年間指導計画の全体構想の上に立ち，協議を経て行うことが大切である。

　ウ　教材の変更

　　主題ごとに主に用いる教材は，ねらいを達成するために中心的な役割を担うものであり，安易に変更することは避けなければならない。変更する場合は，そのことによって一層効果が期待できるという判断を前提とし，少なくとも同一学年の他の教師や道徳教育推進教師と話し合った上で，校長の了解を得て変更することが望ましい。

　エ　学習指導過程，指導方法の変更

　　学習指導過程や指導方法については，生徒や学級の実態などに応じて適切な方法を開発する姿勢が大切である。しかし，基本的な学習指導過程などについての共通理解は大切なことであり，変更する場合は，それらの工夫や成果を校内研修会などで発表するなど意見の交換を積極的に行うことが望まれる。

(7) 年間指導計画の評価と改善を計画的に行うようにする

　年間指導計画に基づく授業が一層効果的に行われるためには，授業実施の反省に基づき，上記により生じた検討課題を踏まえながら，全教師の共通理解の下に，年間指導計画の評価と改善を行うことが必要である。そのためには，日常から実施上の課題を評価欄に記入したり，検討したりするための資料を収集することにも心掛けることが大切である。

第2節　道徳科の指導

> (「第3章　特別の教科　道徳」の「第1　目標」　再掲)
>
> 　第1章総則の第1の2の(2)に示す道徳教育の目標に基づき，よりよく生きるための基盤となる道徳性を養うため，道徳的諸価値についての理解を基に，自己を見つめ，物事を広い視野から多面的・多角的に考え，人間としての生き方についての考えを深める学習を通して，道徳的な判断力，心情，実践意欲と態度を育てる。

1　指導の基本方針

　道徳科においては，各教科，総合的な学習の時間及び特別活動における道徳教育と密接な関連を図りながら，年間指導計画に基づき，生徒や学級の実態に即し，道徳科の特質に基づく適切な指導を展開しなければならない。そのために，以下のような指導の基本方針を明確にして指導に当たる必要がある。

(1) 道徳科の特質を理解する

　道徳科は，生徒一人一人が，ねらいに含まれる道徳的諸価値についての理解を基に，自己を見つめ，物事を広い視野から多面的・多角的に考え，人間としての生き方についての考えを深める学習を通して，内面的資質としての道徳性を主体的に養っていく時間であることを理解する必要がある。

(2) 信頼関係や温かい人間関係を基盤に置く

　道徳科の指導は，よりよい生き方について生徒が互いに語り合うなど学級での温かな心の交流があって効果を発揮する。

　教師と生徒との信頼関係や生徒相互の温かい人間関係は，生徒一人一人が自分の感じ方や考え方を伸び伸びと表現することができる雰囲気を日常の学級経営の中で創り出すことによって豊かに育まれていく。また，道徳科における教師と生徒及び生徒同士の心の交流は，学級の人間関係をより一層確かなものにしていく。

　道徳科が学級経営と深く関わっていることを理解し，学級における信頼関係に基づく温かい人間関係を築き上げ，心の交流を深めることが大切である。

(3) 生徒の内面的な自覚を促す指導方法を工夫する

　道徳科の指導の目指すものは，個々の道徳的行為や日常生活の問題処理に終わ

るものではなく，生徒自らが時と場に応じて望ましい道徳的な行動が取れるような内面的資質を高めることにある。つまり，道徳科は，道徳的価値についての単なる知的理解に終始したり，行為の仕方そのものを指導したりする時間ではなく，ねらいとする道徳的価値について生徒自身がどのように捉え，どのような葛藤があるのか，また価値を実現することにどのような意味を見いだすことができるのかなど，道徳的価値を自己との関わりにおいて捉える時間である。したがって，生徒が道徳的価値を内面的に自覚できるよう指導方法の工夫に努めなければならない。

(4) 生徒の発達や個に応じた指導方法を工夫する

生徒の発達は年齢によってほぼ共通した特徴を示すこと，年齢相応の発達の課題があることなどを十分把握して指導に当たる必要がある。

しかし同時に，生徒の発達には個人差が著しいことや，日々の生活において個々の生徒が様々な課題を抱えていることを踏まえて，生徒一人一人や学級，学年の傾向をよく把握し，適切な指導を工夫する必要がある。生徒一人一人が，道徳科の主題を自分の問題として受け止めることができるように指導を工夫し，興味や関心を高められるように配慮することが大切である。

(5) 問題解決的な学習，体験的な活動など多様な指導方法の工夫をする

実際の生活においては，複数の道徳的価値が対立し，葛藤が生じる場面が数多く存在する。その際，一つの答えのみが存在するのではなく，生徒は時と場合，場所などに応じて，複数の道徳的価値の中からどの価値を優先するかの判断を迫られることになる。こうした問題や課題について，多面的・多角的に考察し，主体的に判断し，よりよく生きていくための資質・能力を養うことが大切である。このためには，問題解決的な学習が重要である。

豊かな体験は，生徒の内面に根ざした道徳性を養うことに資するものである。これらの体験活動を通して生徒が気付く様々な道徳的価値は，それらがもつ意味や大切さなどについて深く考える道徳科の指導を通して，内面的資質・能力である道徳性としてより確かに定着する。道徳科の指導においては，職場体験活動やボランティア活動，自然体験活動などの体験活動を生かし，体験を通して感じたことや考えたことを基に対話を深めるなど，心に響く多様な指導の工夫に努めることが大切である。

(6) 道徳教育推進教師を中心とした指導体制を充実する

道徳科の指導を計画的に推進し，また，それぞれの授業を魅力的なものとして

効果を上げるためには，校長の方針の下に学校の全教師が協力しながら取組を進めていくことが大切である。校長の方針を明確にし，道徳教育推進教師を中心に指導体制の充実を図るとともに，道徳科の授業への校長や教頭などの参加，他の教師との協力的指導，保護者や地域の人々の参加や協力などが得られるように工夫する。

また，道徳科の指導を展開するに当たっては，全教師が学校の道徳科の基本方針を十分に踏まえ，どのような生徒を育てようとするのか，そのために道徳科はどのような役割を果たすのか，また，どのような指導をしようとするのかということについて，共通に理解していくことが必要である。また，教師は自らの個性を十分に生かして指導に当たることが望ましい。なぜなら，教師の人間味ある指導の下でこそ，生徒が充実感をもって語り合い，考え，議論するような指導が展開できるからである。その際，教師は生徒と共に考え，悩み，感動を共有していくという姿勢で授業に臨み，生徒が自ら課題に取り組み，考え，よりよく生きるための基盤となる道徳性を養うことができるように配慮することが必要である。

●2 道徳科の特質を生かした学習指導の展開

(1) 道徳科の学習指導案

ア 道徳科の学習指導案の内容

道徳科の学習指導案は，教師が年間指導計画に位置付けられた主題を指導するに当たって，生徒や学級の実態に即して，教師自身の創意工夫を生かして作成する具体的な指導計画案のことである。これはねらいを達成するために，生徒がどのように学んでいくのかを十分に考慮して，何を，どのような順序で，どのような方法で指導し，評価し，さらに，主題に関連する本時以外の指導にどのように生かすのかなど，学習指導の構想を一定の形式に表現したものである。

学習指導案は，教師の指導の意図や構想が適切に表現されることが好ましく，各教師の創意工夫が期待される。したがって，その形式に特に決まった基準はないが，一般的な内容としては次のようなものが考えられる。

(ア) 主題名

原則として年間指導計画における主題名を記述する。

(イ) ねらいと教材

年間指導計画を踏まえてねらいを記述するとともに教材名を記述する。

(ウ) 主題設定の理由

年間指導計画における主題構成の背景などを再確認するとともに，①ね

らいや指導内容についての教師の捉え方，②それに関連する生徒のこれまでの学習状況や実態と教師の生徒観，③使用する教材の特質や取り上げた意図及び生徒の実態と関わらせた教材を生かす具体的な活用方法などを記述する。

　記述に当たっては，生徒の肯定的な面やそれを更に伸ばしていこうとする観点からの積極的な捉え方を心掛けるようにする。また，抽象的な捉え方をするのではなく，生徒の学習場面を予想したり，発達の段階や指導の流れを踏まえたりしながら，より具体的で積極的な教材の生かし方を記述するようにする。

(エ) 学習指導過程

　ねらいに含まれる道徳的価値について，生徒が道徳的価値についての理解を基に道徳的価値や人間としての生き方についての自覚を深めることを目指し，教材や生徒の実態などに応じて，教師がどのような指導を展開していくか，その手順を示すものである。一般的には学習指導過程を，導入，展開，終末の各段階に区分し，生徒の学習活動，主な発問と生徒の予想される反応，指導上の留意点などで構成されることが多い。

(オ) その他

　例えば，他の教育活動などとの関連，評価の観点，教材分析，板書計画，校長や教頭などの参加，他の教師との協力的な指導，保護者や地域の人々の参加や協力など，授業が円滑に進められるよう必要な事柄を記述する。なお，内容を重点的に取り上げたり複数時間にわたって関連をもたせて指導したりする場合は，全体的な指導の構想と本時の位置付けについて記述することが望まれる。

イ　学習指導案作成の主な手順

　学習指導案の作成の手順は，それぞれの状況に応じて異なるが，おおむね次のようなことが考えられる。

(ア) ねらいを検討する

　指導の内容や教師の指導の意図を明らかにする。

(イ) 指導の重点を明確にする

　ねらいに関する生徒の実態と，各教科等での指導との関連を検討して，指導の要点を明確にする。

(ウ) 教材を吟味する

　教科用図書や補助教材の題材について，授業者が生徒に考えさせたい道徳的価値に関わる事項がどのように含まれているかを検討する。

(エ) 学習指導過程を構想する

ねらい，生徒の実態，教材の内容などを基に，授業全体の展開について考える。その際，生徒がどのように感じたり考えたりするのか，どのような問題意識をもって学習に臨み，ねらいとする道徳的価値を理解し，自己を見つめ，多様な感じ方や考え方によって学び合うことができるのかを具体的に予想しながら，生徒が道徳的価値との関わりや，生徒同士，生徒と教師との議論の中で人間の真実やよりよく生きる意味について考えを深めることができるよう，それらが効果的になされるための授業全体の展開を構想する。

ウ　学習指導案作成上の創意工夫

学習指導案の作成に当たっては，これらの手順を基本としながらも，さらに，生徒の実態，指導の内容や意図等に応じて工夫していくことが求められる。特に，重点的な指導や問題解決的な学習を促す指導，体験活動を生かす指導，複数時間にわたる指導，多様な教材の活用，校長や教頭などの参加，他の教師との協力的な指導，保護者や地域の人々の参加や協力などの工夫が求められることから，多様な学習指導案を創意工夫していくことが求められる。

学習指導案は，誰が見てもよく分かるように形式や記述を工夫するとともに，研修等を通じてよりよいものへと改善し，次回の指導に生かせるように学校として蓄積していくことも大切である。

(2) 道徳科の特質を生かした学習指導

道徳科の指導においては，生徒一人一人がねらいに含まれる道徳的価値についての理解を基に，自己を見つめ，物事を広い視野から多面的・多角的に考え，道徳的価値や人間としての生き方についての自覚を深めることで道徳性を養うという特質を十分考慮し，それに応じた学習指導過程や指導方法を工夫することが大切である。生徒自らが望ましい人間としての生き方を追求し，道徳的価値についての見方や感じ方，考え方を深めていく。それとともに，生徒が自らのよさや成長を実感できるように工夫することが求められる。

道徳科の学習指導過程には，特に決められた形式はないが，一般的には以下のように，導入，展開，終末の各段階を設定することが広く行われている。このような指導を基本とするが，学級の実態，指導の内容や教師の指導の意図，教材の効果的な活用などに合わせて弾力的に扱うなど，各段階で多様な工夫をすることが大切である。

ア　導入の工夫

　主題に対する生徒の興味や関心を高め，学習への意欲を喚起して，生徒一人一人のねらいの根底にある道徳的価値や人間としての生き方についての自覚に向けて動機付けを図る段階である。

　具体的には，本時の主題に関わる問題意識をもたせる導入，教材の内容に興味や関心をもたせる導入などが考えられる。

イ　展開の工夫

　ねらいを達成するための中心となる段階であり，中心的な教材によって，生徒一人一人が，ねらいの根底にある道徳的価値の理解を基に，自己を見つめ，物事を広い視野から多面的・多角的に考え，道徳的価値や人間としての生き方についての自覚を深める段階である。道徳的価値を生徒自らが自分のこととして捉え，道徳的価値を自分の生活の中に生かしていこうとする思いや課題が培われることが必要である。

　具体的には，生徒の実態と教材の特質を押さえた発問などをしながら進めていく。そこでは，教材に描かれている道徳的価値に対する生徒一人一人の感じ方や考え方を生かし，生徒が自分との関わりで道徳的価値を理解したり，物事を多面的・多角的に考えたり，自分の問題として受け止め深く自己を見つめるなど学習が深まるように留意する。生徒がどのような問題意識をもち，どのようなことを中心にして人間としての生き方についての考えを深めていくのかについて主題が明瞭となった学習を心掛ける。また，問題解決的な学習や体験的な学習を取り入れる場合には，生徒と教師，生徒相互の対話の深まり，議論の深まりが，生徒の見方や考え方の高まりを促すことから，課題に応じた活発な対話や議論が可能になるよう工夫することが求められる。

ウ　終末の工夫

　ねらいの根底にある道徳的価値に対する思いや考えをまとめたり，道徳的価値を実現することのよさや難しさなどを確認して，今後の発展につなげたりする段階である。

　この段階では，学習を通して考えたことや新たに分かったことを確かめたり，学んだことを更に深く心にとどめたり，これからへの思いや課題について考えたりする学習活動などが考えられる。生徒一人一人が，自らの道徳的な成長や明日への課題などを実感でき確かめることができるような工夫が求められる。

● 3 学習指導の多様な展開

　道徳科の学習指導を構想する際には，学級の実態，生徒の発達の段階，指導の内容や意図，教材の特質，他の教育活動との関連などに応じて柔軟な発想をもつことが大切である。そのことによって，例えば，次のような学習指導を構想することができる。

(1) 多様な教材を生かした指導

　道徳科では，道徳的行為を題材とした教材を用いることが広く見られる。教材については，例えば，伝記，実話，論説文，物語，詩，劇などがあり，多様な形式のものを用いることができる。それら教材を学習指導で効果的に生かすには，登場人物の立場に立って自分との関わりで道徳的価値について理解したり，そのことを基にして自己を見つめたりすることなどが求められる。また，教材に対する感動を大事にする展開にしたり，道徳的価値を実現する上での迷いや葛藤を大切にした展開，知見や気付きを得ることを重視した展開，批判的な見方を含めた展開にしたりするなどの学習指導過程や指導方法の工夫が求められる。その際，教材から読み取れる価値観を一方的に教え込んだり，登場人物の心情理解に偏ったりした授業展開とならないようにするとともに，問題解決的な学習を積極的に導入することが求められる。

(2) 体験の生かし方を工夫した指導

　生徒は，日常の生活や学校の全教育活動の中で様々な体験をしている。その中で，様々な道徳的価値に触れ，自分との関わりで感じたり考えたりしている。日常の体験を学習の中で発表することにとどまらず，日常体験そのものを教材としたり，道徳科において，職場体験活動やボランティア活動，自然体験活動などの体験活動を生かしたりするなどの多様な指導方法の工夫を行うことが考えられる。道徳科においては，生徒が日常の体験を想起する問いかけをしたり，体験したことの実感を深めやすい教材を生かしたり，実物の観察や実験等を生かした活動，対話を深める活動，模擬体験や追体験的な表現活動を取り入れたりすることも考えられる。

(3) 各教科等との関連をもたせた学習の指導

　各教科等と道徳科の指導との関連をもたせた学習指導が大切である。各教科等にはそれぞれ目標と内容があり，それらの特質を踏まえ，道徳科の指導と関連する部分を明らかにすることが必要である。

例えば，国語科における物語文の学習，社会科における郷土の学習，保健体育科におけるチームワークを重視した学習，特別活動における奉仕等の体験的活動，総合的な学習の時間における異文化理解の学習との関連など，各教科等における学習と道徳科の指導のねらいが同じ方向をもつものである場合，学習の時期や教材を考慮したり，相互に連携を図ったりした指導を進めると，指導の効果を一層高めることが期待できる。その際，他教科等と道徳科それぞれの特質が生かされた関連となるように配慮することが大切である。

(4) 道徳科に生かす指導方法の工夫

道徳科に生かす指導方法には多様なものがある。ねらいを達成するには，生徒の感性や知的な興味などに訴え，生徒が問題意識をもち，主体的に考え，話し合うことができるように，ねらい，生徒の実態，教材や学習指導過程などに応じて，最も適切な指導方法を選択し，工夫して生かしていくことが必要である。

そのためには，教師自らが多様な指導方法を理解したり，コンピュータを含む多様な情報機器の活用方法などを身に付けたりしておくとともに，指導に際しては，生徒の発達の段階などを捉え，指導方法を吟味した上で生かすことが重要である。

指導方法の工夫の例としては，次のようなものが挙げられる。

ア　教材を提示する工夫

　　教材を提示する方法としては，読み物教材の場合，教師による範読が一般に行われている。その際，例えば，劇のように提示したり，音声や音楽の効果を生かしたりする工夫などが考えられる。

　　また，ビデオなどの映像も，提示する内容を事前に吟味した上で生かすことによって効果が高められる。

　　なお，多くの情報を提示することが必ずしも効果的だとは言えず，精選した情報の提示が想像を膨らませ，思考を深める上で効果的な場合もあることに留意する。

イ　発問の工夫

　　教師による発問は，生徒が自分との関わりで道徳的価値を理解したり，自己を見つめたり，物事を多面的・多角的に考えたりするための思考や話合いを深める重要な鍵になる。発問によって生徒の問題意識や疑問などが生み出され，多様な感じ方や考え方が引き出される。そのためにも，生徒の思考を予想し，それに沿った発問や，考える必然性，切実感のある発問，自由な思考を促す発問，物事を多面的・多角的に考えたりする発問などを心掛けることが大切である。

発問を構成する場合には，授業のねらいに深く関わる中心的な発問をまず考え，次にそれを生かすためにその前後の発問を考え，全体を一体的に捉えるようにするという手順が有効な場合が多い。

ウ　話合いの工夫

　話合いは，生徒相互の考えを深める中心的な学習活動であり，道徳科においても重要な役割を果たす。考えを出し合う，まとめる，比較するなどの目的に応じて効果的に話合いが行われるよう工夫する。座席の配置を工夫したり，討論形式で進めたり，ペアでの対話やグループによる話合いを取り入れたりするなどの工夫も望まれる。話すことと聞くことが並行して行われ，生徒が友達の考え方についての理解を深めたり，自分の考え方を明確にしたりすることができる。

　その効果を一層高めるためには，教師が適切な指導・助言を行い，話合いを効果的に展開し，生徒一人一人の道徳的なものの見方や考え方を深めていくことが望まれる。そのためには，話合いの形態を固定化したり形式化したりすることなく，学級の生徒の実態や発達的特質，取り上げる教材の特質，他の教育活動との関連などに応じて工夫することが大切である。特に，生徒の多様な感じ方や考え方を引き出すことのできる学級の雰囲気をつくることが重要である。

エ　書く活動の工夫

　書く活動は，生徒が自ら考えを深めたり，整理したりする機会として，重要な役割をもつ。この活動は，必要な時間を確保することで，生徒は自分なりにじっくりと考えることができる。また，学習の中で個別化を図り，生徒の感じ方や考え方を捉え，個別指導を進める重要な機会にもなる。さらに，一冊にとじられたノートなどを活用することによって，生徒の学習を継続的に深めていくことができ，生徒の成長の記録として活用したり，評価に生かしたりすることもできる。

オ　動作化，役割演技など表現活動の工夫

　生徒が表現する活動の方法としては，発表したり書いたりすることのほかに，生徒に特定の役割を与えて即興的に演技する役割演技の工夫，動きやせりふのまねをして理解を深める動作化の工夫，音楽，所作，その場に応じた身のこなし，表情などで自分の考えを表現する工夫などがよく試みられる。

　また，実際の場面の追体験，実験や観察，調査等による表現物を伴った学習活動も実感的な理解につながる方法である。

　道徳科の授業に動作化や役割演技，コミュニケーションを深める活動などを取り入れることは，生徒の感性を磨いたり，臨場感を高めたりすることと

ともに，表現活動を通して自分自身の問題として深く関わり，ねらいの根底にある道徳的価値についての共感的な理解を深め，主体的に道徳性を身に付けることに資するものである。

指導に当たっては，生徒が伸び伸びと表現できるよう配慮するとともに，日常生活の指導の中で表現活動に慣れさせることや自由に表現できる学級の雰囲気をつくることが大切である。また，これらの活動が単に興味本位に流れたりしないで道徳科のねらいを達成することができるようにするため，活動を取り入れる目的やねらい達成の見通しをもち，場面設定をしっかりしておくことなど事前の十分な準備と配慮が大切である。

カ　板書を生かす工夫

道徳科では黒板を生かして話合いを行うことが多く，板書は生徒にとって思考を深める重要な手掛かりとなる。板書は教師の伝えたい内容を示したり，その順序や構造を示したり，内容の補足や補強をしたりするなど，多様な機能をもっている。

板書の機能を生かすために重要なことは，思考の流れや順序を示すような順接的な板書だけでなく，違いや多様さを対比的，構造的に示す工夫，中心部分を浮き立たせる工夫など，教師が意図を明確にして板書を工夫することが大切である。

また，教師が生徒の考えを取り入れ，生徒と共につくっていくような創造的な板書となるように心掛けることも大切である。

キ　説話の工夫

説話とは，教師の体験談や願い，生徒の日常生活における身近な話題，生徒の関心や視野を広げる時事問題，ことわざや格言，心に残る標語，地域の自然や伝統文化に関することなどを盛り込んで話すことによって，生徒がねらいの根底にある道徳的価値を一層主体的に考えられるようにするものである。教師が意図をもってまとまった話をすることは，生徒が思考を一層深めたり，考えを整理したりする上で効果的である。

教師が自らを語ることによって生徒との信頼関係が増すとともに，教師の人間性がにじみ出る説話は，生徒の心情に訴え，深い感銘を与えることができ，ねらいの根底にある道徳的価値を生徒が一層主体的に捉え，人間としての生き方についての自覚を深めることができる。教師は，説話の効果が大きいことに鑑み，話題の選択，内容の吟味，話の進め方やまとめ方などを工夫することが大切である。なお，生徒への叱責，訓戒や行為，考え方の押し付けにならないよう注意する必要がある。

第3節　指導の配慮事項

● 1　道徳教育推進教師を中心とした指導体制

（「第3章　特別の教科　道徳」の「第3　指導計画の作成と内容の取扱い」の2）
(1) 学級担任の教師が行うことを原則とするが，校長や教頭などの参加，他の教師との協力的な指導などについて工夫し，道徳教育推進教師を中心とした指導体制を充実すること。

　道徳科は，主として生徒をよく理解している学級担任が計画的に進めるものであるが，学校の道徳教育の目標の達成に向けて，学校や学年として一体的に進めるものでなくてはならない。そのために，指導に際して全教師が協力し合う指導体制を充実することが大切になる。

(1) 協力的な指導などについての工夫

　道徳科の指導体制を充実するための方策としては，全てを学級担任任せにするのではなく，特に効果的と考えられる場合は，道徳科の実際の指導において他の教師などの協力を得ることが考えられる。校長や教頭などの参加による指導，他の教職員とのティーム・ティーチングなどの協力的な指導，校長をはじめとする管理職や他の教員が自分の得意分野を生かした指導などにより，学校の教職員が協力して指導に当たることができるような年間指導計画を工夫するなどを，学校としての方針の下に道徳教育推進教師が中心となって進めることが大切である。また，複数の教職員による学年全体での授業等も考えられる。なお，校長等が授業に参加する際は，道徳科の特質を十分に理解して臨む必要がある。いずれの場合においても，授業にねらいをもたせ計画的に行われなければならない。

　また，道徳科の授業を実施しやすい環境に整えることも重要である。校長の方針の下に，道徳科で用いる教材や図書の準備，掲示物の充実，教材コーナーなどの整備などを教員で分担して進められるように道徳教育推進教師が呼び掛けをしたり，具体的な作業の場を設定したりすることが考えられる。

　さらに，小・中学校間の接続を意識した取組も大切である。近隣の小学校と連携し，例えば，互いに道徳科の授業参観をして学び合い意見交換を行ったり，授業に参加したりすることも考えられる。これらを道徳教育推進教師が行うことで，意図的・計画的な学び合いの場の設定や授業の質の高まりが期待できる。あわせて，高等学校等と連携し，小・中・高等学校等の接続を意識して道徳教育の指導

の改善を一層図っていくことも考えられる。

　これらのほかにも，授業を実施する上での悩みを抱える教師の相談役になったり，情報提供をしたりすることや，道徳科に関する授業研修の実施，道徳科の授業公開や情報発信などを，道徳教育推進教師が中心となって協力して進めることも考えられる。

　道徳教育推進教師は，学校の教育活動全体を通じて行う道徳教育においてもその役割を果たすことになるが，道徳科においてその充実を図る際も，校長は学校として道徳教育推進教師の位置付けを明確にし，適切な人材を充てるとともに，そのリーダーシップや連絡調整の下で，全教職員が主体的な参画意識をもってそれぞれの役割を担うように努めることが重要である。中でも，道徳科の指導力向上のために，全教師が，授業の準備，実施，振り返りの各プロセスを含め，道徳科の学習指導案の作成や授業実践を少なくとも年に１回は担当して授業を公開するなど，学校全体での積極的な指導力向上の取組も望まれる。そのために，例えば，道徳科の授業改善を推進するための推進委員会などの組織を設けることも大切である。

(2) 指導体制の充実と道徳科

　このような指導体制の充実によって，次のような多様な利点や効果を生み出すことができると考えられる。

　第一は，学校としての道徳科の指導方針が具体化され指導の特色が明確になることである。毎時間の指導は，学校としての年間指導計画に基づいて計画的，発展的に行われるものであることを，全教師が考慮しながら進めることができる。

　第二は，授業を担当する全教師が，生徒の実態や授業の進め方などに問題意識をもつことができることである。その中で教師相互の学習指導過程や指導方法等の学び合いが促され，道徳科の特質の理解の深まりや授業の質の向上につながる。

　第三は，学校の全ての教職員が各学級や一人一人の生徒に関心をもち，学校全体で生徒の道徳性を養おうとする意識をもつようになることである。道徳科の指導の充実が，学校全体で進める道徳教育を一層充実させる力となる。

　第四は，道徳科の推進に関わる教材や協力を依頼する保護者，地域等の人材情報が学校として組織的に集約され，それらを活用してねらいに即した効果的な授業が一層計画的に実施されることにつながる。

　各学校においては，自校の道徳科の実施状況やそこに見られる課題を押さえた上で改善を図り，このような成果が広く生み出されるように，校長の責任と方針の下で道徳教育推進教師を中心として見通しをもった授業の充実を図ることが望まれる。

2 道徳科の特質を生かした計画的・発展的な指導

> (「第3章　特別の教科　道徳」の「第3　指導計画の作成と内容の取扱い」の2)
> (2) 道徳科が学校の教育活動全体を通じて行う道徳教育の要としての役割を果たすことができるよう、計画的・発展的な指導を行うこと。特に、各教科、総合的な学習の時間及び特別活動における道徳教育としては取り扱う機会が十分でない内容項目に関わる指導を補うことや、生徒や学校の実態等を踏まえて指導をより一層深めること、内容項目の相互の関連を捉え直したり発展させたりすることに留意すること。

　道徳科の特質は、学校の教育活動全体を通じて行う道徳教育の要として、道徳的諸価値についての理解を基に、自己を見つめ、物事を広い視野から多面的・多角的に考え、人間としての生き方についての自覚を深める学習を通して道徳性を養うことである。

　各教科等で行う道徳教育は、全体計画によって計画的に行うものもあれば、生徒の日々の教育活動の中で見られる具体的な行動の指導を通して対処的に行うものもある。各教科等で行う道徳教育は、それぞれの特質に応じた計画によってなされるものであり、22の内容項目を自分のこととして学び、深めるためには十分とは言えない。このことに留意し、道徳教育の要である道徳科の目標と特質を捉えることが大切である。道徳科の指導は、学校の道徳教育の目標に向かって、教育活動全体を通じて行う道徳教育との関連を図りながら計画的・発展的に行うものである。

(1) 計画的・発展的に指導する

　道徳科の大きな特徴は、学校の教育活動全体を通じて行う道徳教育との関連を明確にして、生徒の発達の段階に即しながら、「第3章　特別の教科　道徳」の「第2　内容」に示された道徳的諸価値が含まれた内容を全体にわたって計画的、発展的に指導するところにある。そのためには、学校が、地域や学校の実態及び、学年が進むに従い学習や多様な体験を重ね、複雑な思考が可能になっていく生徒の発達の段階や特性を考慮し、教師の創意工夫を加えて、人格の形成に不可欠である「第2　内容」の全てについて確実に指導することができる見通しのある年間指導計画を作成し、継続して指導する必要がある。

(2) 学校の教育活動全体を通じて行う道徳教育の要としての道徳科

　道徳科は，各教科，総合的な学習の時間及び特別活動など学校の教育活動全体を通じて行われる道徳教育の要としての役割を担っている。すなわち，各教科等で行う道徳教育としては取り扱う機会が十分でない内容項目に関わる指導を補うことや，生徒や学校の実態等を踏まえて指導をより一層深めること，内容項目の相互の関連を捉え直したり発展させたりするなどの役割を担っているのである。

　生徒は，学校の諸活動の中で多様な道徳的価値について感じたり考えたりするが，各教科等においてもその特質があるために，その全てについて考える機会があるとは限らない。また，生徒は，各教科等においてそれぞれの特質に応じて道徳性を養うための学習を行うが，各教科等の指導には各教科等に特有のねらいがあることから，その中では道徳的価値の意味などについて必ずしもじっくりと考え，深めることができているとは限らない。それらの指導の中に含まれる道徳教育が，道徳性を養うためにはとかく断片的であったり徹底を欠いたりするのは避けられないことでもある。

　さらに，各教科等における道徳教育の中で多様な体験をしていたとしても，それぞれがもつ道徳的価値の相互の関連や，自己との関わりにおいての全体的なつながりなどについて考えないまま過ごしてしまうことがある。単に個々の教科等に着目した場合に断片的で徹底を欠くばかりでなく，それだけでは，十分な成果を上げることができないこともやむをえない。道徳科は，道徳的価値に関わる諸事象を，捉え直したり発展させたりして，生徒に新たな感じ方や考え方を生み出すという役割もある。したがって，その断片的あるいは掘り下げを欠いた不十分さを補うために，道徳科では，生徒が道徳的諸価値について自覚を深めることが必要である。

　このことを生徒の立場から見ると，道徳科は，各教科，総合的な学習の時間及び特別活動などで学習した道徳的諸価値を，全体にわたって人間としての在り方や生き方という視点から捉え直し，自分のこととして理解し，自分との関わりで道徳的諸価値を捉え，自分なりに発展させていこうとする時間ということになる。

　学校の教育活動全体を通じて行う道徳教育の指導の充実が，道徳科の指導の充実につながることの意味を深く理解し，道徳科ではその要としての重要な役割を認識して，計画的・発展的な指導を行うようにしなければならない。

3 生徒が主体的に道徳性を養うための指導

> (「第3章 特別の教科 道徳」の「第3 指導計画の作成と内容の取扱い」の2)
> (3) 生徒が自ら道徳性を養う中で,自らを振り返って成長を実感したり,これからの課題や目標を見付けたりすることができるよう工夫すること。その際,道徳性を養うことの意義について,生徒自らが考え,理解し,主体的に学習に取り組むことができるようにすること。また,発達の段階を考慮し,人間としての弱さを認めながら,それを乗り越えてよりよく生きようとすることのよさについて,教師が生徒と共に考える姿勢を大切にすること。

　道徳教育の本来の使命に鑑みれば,特定の価値観を押し付けたり,主体性をもたず言われるままに行動するように指導したりすることは,道徳教育が目指す方向の対極にあるものと言わなければならない。むしろ,多様な価値観の,時に対立がある場合を含めて,人間としてよりよく生きるために道徳的価値に向き合い,いかに生きるべきかを自ら考え続ける姿勢こそ道徳教育が求めるものと言える。

(1) 自らの成長を実感したり,課題や目標を見付けたりする工夫

　授業では,学習の始めに生徒自らが学びたいという課題意識や課題追究への意欲を高め,学習の見通しなどをもたせることが大切である。道徳科においても,それらを踏まえ,教材や生徒の生活体験などを生かしながら,一定の道徳的価値に関わる物事を多面的・多角的に捉えることができるようにする必要がある。さらに,理解した道徳的価値から自分の生活を振り返り,自らの成長を実感したり,これからの課題や目標を見付けたりできるようにすることが望まれる。

　そのため,道徳的価値や生徒自身の生活について多様な観点から捉え直し,生徒が納得できる考えを自ら導き出す上で効果的な教材を選択したり,その教材の特質を生かすとともに,一人一人が意欲的で主体的に取り組むことができる表現活動や話合い活動を仕組んだり,学んだ道徳的価値に照らして,自らの生活や考えを見つめるための具体的な振り返り活動を工夫したりすることが必要である。さらに,必要に応じて,授業開始時と終了時における考えがどのように変容したのかが分かるような活動を工夫することも効果的である。

　また,特定の価値観の押し付けにならないよう,道徳科における主体的かつ効果的な学び方を生徒自らが考えることができるような工夫をすることも大切である。そして,生徒の発達の段階に応じて,生徒自らが道徳的価値を実現するため

の課題や目標，道徳性を養うことのよさや意義について考えることができるような指導を工夫することも大切である。

なお，年度当初に，道徳科の年間35単位時間以上の学習全体を見通し，学年の始めの自分の有様やこれからの自らの課題や目標を捉えるための学習を行うことも効果的である。そして，その望ましい自分の在り方を求めて，年度途中や年度末に，それまでの学習や自分自身を適宜振り返ることで，自らの道徳的成長を実感したり，新たな課題や目標をもったりする学習を工夫することも考えられる。そのことによって，道徳的価値や人間としての生き方について引き続き考え続ける態度を養い，長い期間の中で，主体的で意欲的に生き方を学ぶ道徳科の学習とすることができる。

そのためにも，教師自らが生徒と共に自らの道徳性を養い，よりよく生きようという姿勢を大切にし，日々の授業の中で愛情をもった生徒への指導をすることが重要となる。

(2) 生徒が自ら考え理解し，主体的に学習に取り組む工夫

学校教育は，関係法令及び学習指導要領に基づいて編成された教育課程を実施することが求められており，年間指導計画等に従って全ての教師が意図的，計画的に指導することが重要である。しかし，このことは指導内容を単に教え込むことではない。指導内容を生徒が自分との関わりで捉え，切実感をもって学習することで真に生徒が習得することにつながるものである。そのためには，生徒の主体的な学びが必要になる。学習指導においては，生徒自らが主体的に学ぶための教師の創意工夫が求められる。

道徳科の授業では，教師が特定の価値観を生徒に押し付けたり，指示どおりに主体性をもたず言われるままに行動するよう指導したりすることは，道徳教育が目指す方向の対極にあるものと言わなければならない。多様な価値観の，時に対立がある場合を含めて，人間としてよりよく生きるために道徳的価値に向き合い，いかに生きるべきかを自ら考え続ける姿勢こそ道徳教育が求めるものである。

そのためには，道徳科の目標や指導のねらいを明らかにして，生徒一人一人が見通しをもって主体的に考え，学ぶことができるようにする必要がある。また，道徳科の目標と指導内容との関係を明確にして取り組み，道徳的な内容を学ぶことの意義を理解させたり，学んだことを振り返らせたりする指導が重要である。その際，問題解決的な学習や体験的な学習などを取り入れ，生徒が道徳的な内容に興味・関心をもち，自分の判断や生き方と関わらせながら学習を進めていく態度を身に付けられるようにすることが重要である。道徳科においても，一定の道徳的価値に基づく授業を行った場合には，生徒が道徳的価値を自分との関わりで

捉え，自らの将来に進んで生かそうとする姿勢をもてるような主体的な学習にすることが求められる。

中学生になると，自分の考え方や生き方を主体的に見つめ直し，人間としての生き方や在り方について考えを深め，自分自身の人生の課題や目標を見付けようとする傾向が強まる。そこで，道徳科の学習では，生徒自身が人生の課題や目標に向き合い，道徳的価値を視点に自らの人生を振り返り，これからの自己の生き方を主体的に判断するとともに，人間としての生き方について理解を深めることができるよう支援することが大切になる。

指導に当たっては，生活体験や教材の感想を発表するだけの活動や道徳的価値の観念的・一面的な理解に終始することなく，生徒が自らの関わりで具体的に道徳的価値を理解することが大切である。そのために，学んだ道徳的価値に照らして，自分の生活を振り返り，自らのよさや課題を把握できるような効果的な学習を設定することが必要である。

(3) 人間としての弱さを認め，それを乗り越えてよりよく生きようとすることのよさについて，教師が生徒と共に考える姿勢を大切にする

中学生になると，生徒は自らの長所や短所をある程度まで自覚するようになり，自分の弱さや人間としての弱さを素直に認めて受容できるようになる。しかし，それをそのまま容認するのではなく，人間には自らの弱点や短所を克服して，自らの強みや長所を更に伸ばし，よりよく生きることができるたくましさやすばらしさがあることも理解できるようになる。

そこで，こうした人間として生きることに喜びを見いだし，現在の自分の弱さや限界を乗り越え，誇りある人間らしい生き方に近づくような学習が望まれる。こうした道徳科の学習では，教師が生徒に対して特定の価値観を教え込むのではなく，教師が生徒と共に人間の弱さを見つめ合い，考え合った上で，夢や希望などを共に語り合うような姿勢をもつことが大切になる。

4 多様な考え方を生かすための言語活動

> (「第3章 特別の教科 道徳」の「第3 指導計画の作成と内容の取扱い」の2)
> (4) 生徒が多様な感じ方や考え方に接する中で,考えを深め,判断し,表現する力などを育むことができるよう,自分の考えを基に討論したり書いたりするなどの言語活動を充実すること。その際,様々な価値観について多面的・多角的な視点から振り返って考える機会を設けるとともに,生徒が多様な見方や考え方に接しながら,更に新しい見方や考え方を生み出していくことができるよう留意すること。

　学校の教育活動全体で言葉を生かした教育の充実が求められている。言語は,知的活動だけでなく,コミュニケーションや感性,情緒の基盤である。道徳科においても,言葉を生かした教育の充実が図られなければならない。

(1) 道徳科における言葉の役割

　道徳科において行われる道徳的諸価値についての理解を基に,自己を見つめ,物事をより広い視野から多面的・多角的に考え,人間としての生き方についての考えを深める学習では,道徳的価値を含んだ教材を基に,生徒が自分の体験や感じ方,考え方を交えながら話合いを深める学習活動を行うことが多い。その意味からも,道徳科における言葉の役割は極めて大きいと言える。

　国語科では言葉に関わる基本的な能力が培われるが,道徳科は,このような能力を基本に,教材や体験などから感じたことや,考えたことをまとめ,発表し合ったり,討論などにより感じ方,考え方の異なる人の考えに接し,協働的に議論したりする。例えば,教材の内容や登場人物の気持ちや行為の動機などを自分との関わりで考えたり,友達の考えを聞いたり,自分の考えを伝えたり,話し合ったり,書いたりする。

　さらに,学校内外での様々な体験を通して考え,感じたことを,道徳科の学習で言葉を用いて表現する。これらの中で,言葉の能力が生かされ,一層高められていく。

　したがって,道徳科においては,このような言語活動を生かして学習を展開することが,ねらいを達成する上で極めて重要であると考えられる。

(2) 自分の考えを基に表現する機会の充実

　道徳科のねらいに迫るために,個々の生徒や学級の実態に応じて,自分の考え

を基に,討論したり書いたりするなど表現する機会を充実することが大切である。

　生徒は他者と討論することなどを通して,自分の意見と他の生徒の意見を突き合わせて,どこが同じでどこが違うのかなどを確かめることができる。また,生徒は書く活動を通して,自分自身のものの見方,考え方,感じ方などを確かめたり,まとめたり,記録に残したりすることができる。それらをもとに今までの自分のものの見方,考え方,感じ方などを振り返ることもできる。つまり,討論したり書いたりするなどの表現する機会は,道徳科において,生徒が自分自身の感じ方や考え方を言語化することによって,自ら考えたり見直したりしていることを明確にすることにつながるのである。

　このように生徒が自分自身のものの見方,考え方,感じ方を明らかにすることは,自分の意見がどのようなことを根拠にしているのか,どのような理由によるものなのか,そのよりどころを明らかにする過程でもあり,「なぜ」「どうして」と,更に深く自己や他者と対話することで,自分自身を振り返り,自らの価値観を見つめ,見直すことになる。すなわち,道徳科のねらいである道徳的価値の理解を基に人間としての生き方についての自覚を深めることを促すことになる。したがって,「討論したり,書いたりするなどを表現する機会」を適切に設け,ねらいの根底にある道徳的価値を自覚する手立ての一つとして生かしていくことが求められる。

　ただし,「討論したり書いたりするなどの言語活動の充実」が,討論という手立て,方法などの活動だけを意図しているのではない点について留意する必要がある。道徳科のねらいである人間としての生き方についての考えを深める学習を通して,内面的資質としての道徳性を主体的に養っていく時間である以上,人生の意味をどこに求め,いかによりよく生きるかといった人間としての生き方に関わって,生徒と生徒及び自分自身との対話が深まるよう,表現する活動の内容や場面の工夫が一層求められる。

　例えば,終末の段階での書く活動を通して,その時間の学習を振り返ることに充てることが考えられる。また,展開の段階などで,討論などを通して,生徒同士が,相手の意見を言い負かしたり,自分の意見を発表したりすることだけに終始するのではなく,教材中に描かれている登場人物等の生き方や他の生徒の意見を手掛かりに,多面的・多角的な視点から自分自身の考えを練り上げていき,自分自身の考えを突き詰めて厳しく吟味していくことが考えられる。さらには,生徒が自分の考えをまとめて人に分かりやすいように書いたり発表したりして表現する機会を設けることが,生徒自身の考えを自分自身で確かめたり,自分自身の道徳的成長を実感したりする格好の機会となる可能性がある。

(3) 新しい見方や考え方を生み出すための留意点

　道徳科の授業においては，生徒一人一人がしっかりと課題に向き合い，教師や他の生徒との対話や討論なども行いつつ，内省し，熟慮し，自らの考えを深めていくプロセスが極めて重要である。言語活動や多様な表現活動等を通じて，道徳科の特質を踏まえた上で，生徒に考えさせる授業を重視する必要がある。道徳科における言語活動では，集団の中で生徒がそれぞれの考えを伝え合うことを通じて，いろいろなものの見方や考え方があることに気付き，それぞれの考えの根拠や前提条件の違い，特徴などを捉え，自分の考えを多面的・多角的な視点から振り返って考えることが重要である。また，互いの考えの異同を整理して，自分の考えになかったものを受け入れて自分の考えに生かしたり，相手の立場や考えを考慮し，尊重したりすることで，自分や集団の考えを発展させ，新しい見方や考え方を生み出すための機会でもある。このように自己を表現し他者を理解しながら，互いに建設的な議論をする経験は，寛容の態度を育み，やがて実生活での複雑な具体的事象に対して，他者と共に適切に判断し，行動する資質や能力を養うことにつながるからである。

　このように生徒の言語活動を充実させるために，言語環境を整え，生徒の発達の段階や言語能力を踏まえて意図的，計画的に指導する必要がある。

　生徒の実態によっては，自分に自信がもてず，人間関係に不安を感じていたり，好ましい人間関係を築けず社会性の発達が不十分であったりする状況が見られたりすることから，自由に意見を述べ合える望ましい集団を育成するとともに，その実態に応じた指導の工夫が求められる。例えば，大きな集団の中で自分の意見を表すことが苦手な生徒が多い場合は，数人のグループで討論する過程を経て，多人数での討論に移行したり，自分の考えや意見を伝える表現力が未熟な場合には，他の領域との連携により，学級活動の時間等で表現の技能を向上させたりする取組を意図的，計画的に行い，道徳科が，その特質を十分生かせるよう工夫するなどしてもよい。

　また，授業者は言語活動を通して，互いの存在を認め尊重し，意見を交流し合う経験により，生徒の自尊感情や自己への肯定感を高めることも念頭に置いて指導することが大切である。そのためには，学校や学級内の人間関係や環境を整えるとともに，一人一人の生徒が安心して意見を述べ，互いに学べるような場の設定が必要である。

5　問題解決的な学習など多様な方法を取り入れた指導

> (「第3章　特別の教科　道徳」の「第3　指導計画の作成と内容の取扱い」の2)
> (5) 生徒の発達の段階や特性等を考慮し，指導のねらいに即して，問題解決的な学習，道徳的行為に関する体験的な学習等を適切に取り入れるなど，指導方法を工夫すること。その際，それらの活動を通じて学んだ内容の意義などについて考えることができるようにすること。また，特別活動等における多様な実践活動や体験活動も道徳科の授業に生かすようにすること。

　道徳科においては，道徳的諸価値についての理解を基に，自己を見つめ，物事をより広い視野から多面的・多角的に考え，人間としての生き方についての考えを深める学習を行う。こうした道徳科の特質を生かすことに効果があると判断した場合には，多様な方法を活用して授業を構想することが大切である。道徳科の特質を生かした授業を行う上で，各教科等と同様に，問題解決的な学習や体験的な学習を有効に活用することが重要である。その際，中学校では生徒の発達の段階や特性等を考慮した上で，人間としての生き方について多面的・多角的に考え，話合いや討論することを通して，主体的かつ自発的な学習を展開できるように創意工夫することが求められる。

(1) 道徳科における問題解決的な学習の工夫

　多様な指導方法を活用することは，極めて大切である。問題解決的な学習とは，生徒が学習主題として何らかの問題を自覚し，その解決法についても主体的・能動的に取り組み，考えていくことにより学んでいく学習方法である。道徳科における問題解決的な学習とは，生徒一人一人が生きる上で出会う様々な道徳上の問題や課題を多面的・多角的に考え，主体的に判断し実行し，よりよく生きていくための資質・能力を養う学習である。そうした問題や課題は，多くの場合，道徳的な判断や心情，意欲に誤りがあったり，複数の道徳的価値が衝突したりするために生じるものである。指導方法は，ねらいに即して，目標である道徳性を養うことに資するものでなければならない。特に中学校では，問題解決的な学習を通して，生徒が人間としてよりよく生きていくために，道徳的諸価値についての理解を基に，自己を見つめ，人間としての生き方について深く考え，適切な行為を主体的に選択し，行為することができる実践意欲と態度を育てるよう指導することが大切である。日常生活での問題を道徳上の問題として把握したり，自己の生

き方に関する課題に積極的に向き合い,自分の力で考え,よりよいと判断して,行為しようとする意欲を培ったりすることができる。

問題解決的な学習は,生徒の学習意欲を喚起するとともに,生徒一人一人が生きる上で出会う様々な問題や課題を主体的に解決し,よりよく生きていくための資質・能力を養うことができる。生徒が問題意識をもって学習に臨み,ねらいとする道徳的価値を追求し,多様な感じ方や考え方によって学ぶことができるようにするためには,指導方法の工夫が大切である。

例えば,主題に対する生徒の興味や関心を高める導入の工夫,他者の考えと比べ自分の考えを深める展開の工夫,主題を自分との関わりで捉え自己を見つめ直し,発展させていくことへの希望がもてるような終末の工夫などがある。

また,問題解決的な学習では,教師と生徒,生徒相互の話合いが十分に行われることが大切であり,教師の発問の仕方の工夫などが重要である。さらに,話合いでは学習形態を工夫することもでき,一斉による学習だけでなく,ペアや少人数グループなどでの学習も有効である。ただし,この場合,議論する場面を設定すること,ペアや少人数グループなどでの学習を導入することが目的化してしまうことがないよう,ねらいに即して,取り入れられる手法が適切か否かをしっかり吟味する必要がある。

道徳科において問題解決的な学習を取り入れた場合には,その課題を自分との関わりや人間としての生き方との関わりで見つめたときに,自分にはどのようなよさがあるのか,どのような改善すべきことがあるのかなど,生徒一人一人が道徳上の課題に対する答えを導き出すことが大切である。そのためにも,授業では自分の気持ちや考えを発表するだけでなく,時間を確保してじっくりと自己を見つめ直して書くことなども有効であり,指導方法の工夫は不可欠である。

現代的な課題を道徳科の授業で取り上げる際には,問題解決的な学習を活用することができる。

(2) 道徳的行為に関する体験的な学習等を取り入れる工夫

道徳的諸価値を理解するためには,例えば,具体的な道徳的行為の場面を想起させ追体験させて,実際に行為することの難しさとその理由を考えさせ,弱さを克服することの大切さを自覚させることなどが考えられる。また,道徳的行為の難しさについて語り合ったり,それとは逆に,生徒たちが見聞きしたすばらしい道徳的行為を出し合ったりして,考えを深めることも考えられる。さらに,読み物教材等を活用した場合には,その教材に登場する人物等の言動を即興的に演技して考える役割演技など疑似体験的な表現活動を取り入れた学習も考えられる。

これらの方法を活用する場合は,単に体験的行為や活動そのものを目的として

行うのではなく，授業の中に適切に取り入れ，体験的行為や活動を通じて学んだ内容から道徳的価値の意義などについて考えを深めるようにすることが重要である。道徳科の授業に体験的な学習を取り入れる際には，単に活動を行って終わるのではなく，生徒が体験を通じて学んだことを振り返り，その意義について考えることが大切である。体験的な学習を通して道徳的価値の理解を深め，様々な課題や問題を主体的に解決するための資質・能力の育成に資するように十分に留意する必要がある。

(3) 特別活動等の体験活動の活用

　道徳科において実践活動や体験活動を生かす方法は多様に考えられ，各学校で生徒の発達の段階等を考慮して年間指導計画に位置付け，実施できるようにすることが大切である。例えば，ある体験活動の中で感じたことや考えたことを道徳科の話合いに生かすことで，生徒の関心を高め，道徳的実践を主体的に行う意欲と態度を育む方法などが考えられる。特に特別活動において，道徳的価値を意図した実践活動や体験活動が計画的に行われている場合は，そこでの生徒の体験を基に道徳科において考えを深めることが有効である。例えば，体育祭や修学旅行などの学校行事において，生徒一人一人が学校や学級の一員として活動した経験を基に，自分の役割と責任について自覚を深めた体験を道徳科の授業の導入や展開で振り返ることができる。

　学校が計画的に実施する体験活動は，生徒が共有することができ，学級の全生徒が共通の関心などを基に問題意識を高めて学習に取り組むことが可能になるため，それぞれの指導相互の効果を高めることが期待できる。

6 情報モラルと現代的な課題に関する指導

> (「第3章 特別の教科 道徳」の「第3 指導計画の作成と内容の取扱い」の2)
> (6) 生徒の発達の段階や特性等を考慮し,第2に示す内容との関連を踏まえつつ,情報モラルに関する指導を充実すること。また,例えば,科学技術の発展と生命倫理との関係や社会の持続可能な発展などの現代的課題の取扱いにも留意し,身近な社会的課題を自分との関係において考え,その解決に向けて取り組もうとする意欲や態度を育てるよう努めること。なお,多様な見方や考え方のできる事柄について,特定の見方や考え方に偏った指導を行うことのないようにすること。

(1) 情報モラルに関する指導

　社会の情報化が進展する中で,生徒は,学年が上がるにつれて,次第に情報機器を日常的に用いる環境の中に入っており,学校や生徒の実態に応じた対応が学校教育の中で求められる。これらは,学校の教育活動全体で取り組むべきものであるが,道徳科においても同様に,情報モラルに関する指導を充実する必要がある。

　ア　情報モラルと道徳科の内容

　　情報モラルは情報社会で適正な活動を行うための基になる考え方と態度と捉えることができる。内容としては,情報社会の倫理,法の理解と遵守,安全への知恵,情報セキュリティ,公共的なネットワークがあるが,道徳科においては,第2に示す内容との関連を踏まえて,特に,情報社会の倫理,法の理解と遵守といった内容を中心に取り扱うことが考えられる。

　　指導に際して具体的にどのような問題を扱うかについては各学校において検討していく必要があるが,例えば,思いやり,感謝や礼儀に関わる指導の際に,インターネット上の書き込みのすれ違いなどについて触れたり,遵法精神,公徳心に関わる指導の際に,インターネット上のルールや著作権など法やきまりに触れたりすることが考えられる。また,情報機器を使用する際には,使い方によっては相手を傷つけるなど,人間関係に負の影響を及ぼすこともあるため,指導上の配慮を行う必要がある。

　イ　情報モラルへの配慮と道徳科

　　情報モラルに関する指導について,道徳科では,その特質を生かした指導の中での配慮が求められる。道徳科は道徳的価値に関わる学習を行う特質があることを踏まえた上で,指導に際しては,情報モラルに関わる題材を生か

して話合いを深めたり，コンピュータによる疑似体験を授業の一部に取り入れたりするなど，創意ある多様な工夫が生み出されることが期待される。

具体的には，例えば，相手の顔が見えないメールと顔を合わせての会話との違いを理解しメールなどが相手に与える影響について考えるなど，インターネット等に起因する心のすれ違いなどを題材とした思いやり，感謝や礼儀に関わる指導が考えられる。また，インターネット上の法やきまりを守れずに引き起こされた出来事などを題材として規則の尊重に関わる授業を進めることも考えられる。その際，問題の根底にある他者への共感や思いやり，法やきまりのもつ意味などについて，生徒が考えを深めることができるようにすることが重要になる。

なお，道徳科は，道徳的諸価値についての理解を基に，自己を見つめる時間であるとの特質を踏まえ，例えば，情報機器の使い方やインターネットの操作，危機回避の方法やその際の行動の具体的な練習を行うことにその主眼をおくのではないことに留意する必要がある。

(2) 現代的な課題の扱い

道徳科の内容で扱う道徳的諸価値は，現代社会の様々な課題に直接関わっている。中学生には，こうした解決の難しい，答えの定まっていない問題や葛藤について理解を深め，多面的・多角的に考えることができる思考力が育ってきている。現代社会を生きる上での課題を扱う場合には，問題解決的な学習を行ったり討論を深めたりするなどの指導方法を工夫し，課題を自分との関係で捉え，その解決に向けて考え続けようとする意欲や態度を育てることが大切である。例えば，食育，健康教育，消費者教育，防災教育，福祉に関する教育，法教育，社会参画に関する教育，伝統文化教育，国際理解教育，キャリア教育など，学校の特色を生かして取り組んでいる教育課題については，関連する内容項目の学習を踏まえた上で，各教科，総合的な学習の時間及び特別活動などにおける学習と関連付け，それらの教育課題を主題とした教材を活用するなどして，様々な道徳的価値の視点で学習を深め，生徒自身がこれらの学習を発展させたりして，人として他者と共によりよく生きる上で大切なものとは何か，自分はどのように生きていくべきかなどについて，考えを深めていくことができるような取組が求められる。

また，例えば，科学技術の発展に伴う生命倫理の問題や社会の持続可能な発展を巡っては，生命や人権，自己決定，自然環境保全，公正，公平，社会正義など様々な道徳的価値に関わる葛藤がある。このように現代的な課題には，葛藤や対立のある事象も多く，特に「相互理解，寛容」，「公正，公平，社会正義」，「国際理解，国際貢献」，「生命の尊さ」，「自然愛護」などについては，現代的な課題と

関連の深い内容であると考えられ，発達の段階に応じて，これらの課題を積極的に取り上げることが求められる。さらに，障害を理由とする差別の解消の推進に関する法律（平成 25 年法律第 65 号）の施行を踏まえ，障害の有無などに関わらず，互いのよさを認め合って協働していく態度を育てるための工夫も求められる。また，主権者として社会の中で自立し，他者と連携・協働しながら，社会を生き抜く力や地域の課題解決を社会の構成員の一員として主体的に担う力を養うことも重要な課題となっている。

　その際，これらの諸課題には多様な見方や考え方があり，一面的な理解では解決できないことに気付かせ，多様な価値観の人々と協働して問題を解決していこうとする意欲を育むよう留意することが求められる。そのためには，例えば，複数の内容項目を関連付けて扱う指導によって，生徒の多様な考え方を引き出せるように工夫することなどが考えられる。

　なお，これらの現代的な課題の学習では，多様な見方や考え方があることを理解させ，答えが定まっていない問題を多面的・多角的視点から考え続ける姿勢を育てることが大切である。安易に結論を出させたり，特定の見方や考え方に偏った指導を行ったりすることのないよう留意し，生徒が自分と異なる考えや立場についても理解を深められるよう配慮しなければならない。

7 家庭や地域社会との連携による指導

> (「第3章 特別の教科 道徳」の「第3 指導計画の作成と内容の取扱い」の2)
> (7) 道徳科の授業を公開したり，授業の実施や地域教材の開発や活用などに家庭や地域の人々，各分野の専門家等の積極的な参加や協力を得たりするなど，家庭や地域社会との共通理解を深め，相互の連携を図ること。

(1) 道徳科の授業公開をする

　道徳科は全教育活動を通じて行う道徳教育の要であり，その授業を公開することは，学校における道徳教育への理解と協力を家庭や地域社会から得るためにも，極めて大切である。実施の方法としては，通常の授業参観の形で行う方法，保護者会等の機会に合わせて行う方法，授業を参観した後に講演会や協議会を開催する方法などが考えられる。

　また，保護者が授業参観時に一緒に授業に参加し発言をしながら生徒と意見交換をしたり，生き方について考えたりすることは，より一層の道徳教育の理解につながる。このような道徳科の授業の公開を学校の年間計画に位置付け，保護者だけでなく，地域の人々にも呼び掛けて，多くの人々の参観を得られるような工夫をし，積極的に公開することが望まれる。

(2) 道徳科の授業への積極的な参加や協力を得る工夫

　道徳科は家庭や地域社会との連携を進める重要な機会となる。その実施や教材の開発・活用などに保護者や地域の人々の参加や協力を得られるよう配慮していくことが考えられる。

　家庭や地域の題材を資料として生かした学習，家庭や地域での話合いや取材を生かした学習，地域の人や保護者の参加を得た学習など，家庭や地域社会との連携強化を図った指導を工夫することも考えられる。そのため，保護者や地域の人々が参観しやすいような工夫も望まれる。

　ア　授業の実施への保護者の協力を得る

　　保護者の協力を得て，上記のように，授業に生徒と同じ立場で参加してもらうことのほかに，授業前に，アンケートや生徒への手紙等の協力を得たり，事後の指導に関して依頼したりするなどの方法も考えられる。特に，［家族愛，家庭生活の充実］など様々な道徳的価値に関する指導に関わる授業では生かしたい方法である。また，保護者会などを通して教材提供の依頼を行い，共に授業をつくっていくことで協力体制を活性化することができる。

イ　授業の実施への地域の人々や団体等外部人材の協力を得る

　地域の人々や社会で活躍する人々に授業の実施への協力を得ることも効果的である。例えば特技や専門知識を生かした話題や生徒へのメッセージを語る講師の役割として協力を得る方法がある。青少年団体等の関係者，福祉関係者，自然活動関係者，スポーツ関係者，伝統文化の継承者，国際理解活動の関係者，企業関係者などを授業の講師として招き，実体験に基づいて分かりやすく語ってもらう機会を設けることは効果的である。生徒が人間としての生き方を考え学ぶ絶好の機会となる。そのために，日頃から，ねらいに即した人々の情報を集めたリストなどを作成しておくことが有効である。その際，生徒が講師の話を聞くだけでなく，質問したり考えを伝えたり話し合ったりするなどの，一定の時間を確保しておく配慮が大切である。また，見通しのある実施のために計画に位置付けておくことも重要になる。

ウ　地域教材の開発や活用への協力を得る

　地域の先人，地域に根付く伝統と文化，行事，民話や伝説，歴史，産業，自然や風土などを題材とした地域教材などを開発する場合に，地域でそれらに関することに従事する人や造詣が深い人などに協力を得ることが考えられる。教材の開発だけでなく，授業でそれを資料として活用する場合にも，例えば，資料を提示するときに協力を得る，話合いを深めるために解説や実演をしてもらう，生徒の質問を受けて回答してもらうなどの工夫が考えられる。また，地域教材を活用する際に，地域人材の協力を得ることは，授業の効果を一層高める効果が期待できる。

　道徳科の指導は，学校における教育課程の実施の一環であり，学校が責任をもって行うことが大前提ではあるが，保護者や地域の人々が生徒の豊かな心を育むことに寄与したいという思いを抱くことで，道徳科以外の道徳教育への協力も促されると同時に，家庭や地域社会において生徒の豊かな心を積極的に育もうとする意欲を高めることにもつながることが考えられる。

第4節　道徳科の教材に求められる内容の観点

● 1　教材の開発と活用の創意工夫

> （「第3章　特別の教科　道徳」の「第3　指導計画の作成と内容の取扱い」の3）
> (1) 生徒の発達の段階や特性，地域の事情等を考慮し，多様な教材の活用に努めること。特に，生命の尊厳，社会参画，自然，伝統と文化，先人の伝記，スポーツ，情報化への対応等の現代的な課題などを題材とし，生徒が問題意識をもって多面的・多角的に考えたり，感動を覚えたりするような充実した教材の開発や活用を行うこと。

(1) 道徳科に生かす多様な教材の開発

　教材の開発に当たっては，日常から多様なメディアや書籍，身近な出来事等に関心をもつとともに，柔軟な発想をもち，教材を広く求める姿勢が大切である。

　具体的には，生命の尊厳，社会参画，自然，伝統と文化，先人の伝記，スポーツ，情報化への対応等の現代的な課題などを題材として，生徒が問題意識をもって多面的・多角的に考えたり，感動を覚えたりするような充実した教材の開発が求められる。

　生命の尊厳は，生命ある全てのものをかけがえのないものとして尊重し，大切にすることであり，生徒が発達の段階に応じて生命の尊厳について，人間としての生き方と関わらせながら考えられるような教材などが想定される。社会参画を扱う教材には，「個」から「公」に視点を広げていく背景として「他者」への思いやりの心に触れたものなどが想定される。自然を題材とした教材には，自然の美しさや偉大さ，不思議さなど，感性に訴え，人間の力を超えたものを謙虚に受け止める心を育てるものなどが想定される。伝統と文化を題材とした教材には，その有形無形の美しさに国や郷土への誇り，愛情を感じさせるものなどが想定される。また，先人の伝記には，多様な生き方が織り込まれ，生きる勇気や知恵などを感じることができるとともに，人間としての弱さを吐露する姿などにも接し，生きることの魅力や意味の深さについて考えを深めるものなどが想定される。そして，スポーツを題材とした教材には，例えば，オリンピックやパラリンピックなどの世界を舞台にして活躍するアスリートやそれを支える人々のチャレンジ精神や力強い生き方，苦悩などに触れて道徳的価値の理解やそれに基づいた自己を見つめる学習を深めるものなどが想定される。

情報化への対応等の現代的な課題などの題材は，我が国が抱える課題として，発達の段階に応じ，素材として取り上げることが考えられる。その場合には，単に情報機器の操作や活用など，その注意点を扱うのではなく，活用するのは人間であるからこそ，例えば「節度・節制」や「自主，自律，自由と責任」など関わりのある道徳的価値について考えを深めることが大切である。

　多様な教材の開発に当たっては，例えば，題材とする人物の選定に当たって，生徒の関心を重視するだけではなく，その人物の生き方から人間としての生き方を考えさせる場面を設定できることが重要であるなど，いたずらに生徒の興味を引くことのみに留意するのではなく，道徳科の教材として具備すべき要件を踏まえ，道徳科の特質を生かした展開が可能となるよう，授業での活用を視野に入れた工夫が求められる。

(2) 多様な教材を活用した創意工夫ある指導

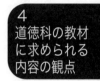

　多様な教材が開発されることを通して，その生かし方もより創意あるものになり，生徒自身のその積極的な活用が促される。例えば，地域の人を招いて協力しながら学習を進める，実物を提示する，情報機器を生かして学習する，疑似体験活動を取り込んで学習する，授業の展開に中心的に位置付ける教材だけでなく，補助的な教材を組み合わせて，それらの多様な性格を生かし合うなど，様々な創意工夫が生み出される。そのためにも，開発された教材については，その内容や形式等の特徴を押さえて授業で活用したときに，生徒がその内容をどのように受け止めるかを予想するなどして，提示の工夫，発問の仕方の工夫等を併せて検討しておくことが大切である。

　活用する教材の選択に際しては，生徒の興味を引くことのみに留意するのではなく，道徳科の目標や道徳科の特質を踏まえて「この教材で何を考えさせるのか」という授業のねらいの観点から選択する必要がある。

　道徳科においても，主たる教材として教科用図書を使用しなければならないことは言うまでもないが，道徳教育の特性に鑑みれば，各地域に根ざした郷土資料など，多様な教材を併せて活用することが重要である。

2　道徳科に生かす教材

> (「第3章　特別の教科　道徳」の「第3　指導計画の作成と内容の取扱い」の3)
> (2) 教材については，教育基本法や学校教育法その他の法令に従い，次の観点に照らし適切と判断されるものであること。
> 　ア　生徒の発達の段階に即し，ねらいを達成するのにふさわしいものであること。
> 　イ　人間尊重の精神にかなうものであって，悩みや葛藤等の心の揺れ，人間関係の理解等の課題を含め，生徒が深く考えることができ，人間としてよりよく生きる喜びや勇気を与えられるものであること。
> 　ウ　多様な見方や考え方のできる事柄を取り扱う場合には，特定の見方や考え方に偏った取扱いがなされていないものであること。

　道徳科は，生徒が様々な場面において道徳的価値を実現できるようにするための道徳性を養うことができるような指導を行うことが重要である。道徳科の授業は，言うまでもなく学習指導要領に基づいて行われるものであることから，授業で活用する教材は教育基本法や学校教育法その他の法令はもとより，学習指導要領に準拠したものが求められる。

　道徳科に生かす教材は，生徒が道徳的諸価値についての理解を基に，自己を見つめ，物事を広い視野から多面的・多角的に考え，人間としての生き方についての考えを深める学習に資するものでなければならない。また，生徒が人間としての在り方や生き方などについて多様に感じ，考えを深め，互いに学び合う共通の素材として重要な役割をもっている。

　したがって，道徳科に用いられる教材の具備する要件として，次の点を満たすことが大切である。

(1) 生徒の発達の段階に即し，ねらいを達成するのにふさわしいものであること

　生徒が教材の内容を把握して道徳的価値の理解を図ったり，自己を見つめたりすることができるように，生徒の発達の段階に即した内容，表現であることが求められる。また，生徒が学習に一層興味・関心を深め，意欲的に取り組みたくなる内容や表現であることがふさわしい。

　その上で，道徳科においては一定の道徳的価値を含んだねらいを達成するための授業を展開することから，教材には適切な道徳的価値に関わる事象や人物が取

り上げられていることが必要である。なお，その際，学習指導要領に準じ，年間を通じて計画的，発展的に道徳的諸価値や生徒の振り返りを指導できるように，教材が全体として調和的に開発・整備されることが必要である。

(2) 人間尊重の精神にかなうものであって，悩みや葛藤等の心の揺れ，人間関係の理解等の課題も含め，生徒が深く考えることができ，人間としてよりよく生きる喜びや勇気を与えられるものであること

ア　人間尊重の精神にかなうもの

　人間尊重の精神は，道徳教育の目標の中で一貫して述べられていることであり，生命の尊重，人格の尊重，基本的人権，人間愛などの根底を貫く国境や文化なども超えた普遍的な精神である。民主的な社会においては，人格の尊重は，自己の人格のみではなく，他の人々の人格をも尊重することであり，また，権利の尊重は，自他の権利の主張を認めるとともに，権利の尊重を自己に課するという意味で，互いに義務と責任を果たすことを求めるものである。しかもこれらは，相互に人間を尊重し信頼し合う人間愛の精神によって支えられていなければならない。

　道徳科の教材では，生徒の内面に形成されていく自己及び他者の人格に対する認識を普遍的な人間愛の精神へと高めると同時に，それを具体的な人間関係の中で，日々の実践的態度として伸ばし，それによって人格の内面的充実を図るという趣旨に基づいて，国際的な視野も含めて広く「人間尊重の精神」という言葉を理解した上で，題材の選択等を行う必要がある。

イ　悩みや葛藤等の心の揺れ，人間関係の理解等の課題も含め，生徒が深く考えることができるもの

　道徳科の授業における指導の目指すものは，個々の道徳的行為や日常生活の問題処理に終わるものではなく，生徒自らが時と場に応じて望ましい道徳実践が行えるような内面的資質を高めることにある。つまり，道徳科の学習では，道徳的価値についての単なる知的理解に終始したり，行為の仕方を一方的に指導したりする時間ではなく，ねらいとする道徳的価値について生徒自身がどのように捉え，どのような葛藤があるのか，また価値を実現することにどのような意味を見いだすことができるのかなど，道徳的価値を自己との関わりにおいて捉える必要がある。

　したがって，道徳科の教材の作成に当たっては，例えば，体験活動や日常生活を振り返り道徳的価値の意義や大切さを考えることができる教材，今日的な課題について深く考えることができる教材，学級や学校生活における具体的事柄や葛藤などの課題について深く考えることができる教材など，生徒

が道徳的価値について深く考え，道徳的価値を自覚できるよう題材の選択，構成の工夫等に努めなければならない。

ウ　人間としてよりよく生きる喜びや勇気を与えられるもの

道徳科の学習は，「人生いかに生きるべきか」という生き方の問いを考えると言い換えることができ，道徳科の指導においては，生徒のよりよく生きようとする願いに応えるために，生徒と教師が共に考え，共に探求していくことが前提となる。

したがって，道徳科の教材の作成に当たっては，例えば，先人の多様な生き方が織り込まれ，生きる勇気や知恵などを感じる教材，人間としての弱さや吐露する姿等にも接し，生きることの魅力や意味の深さについて考えを深めることができる教材，生徒の感性に訴え，感動を呼ぶ教材など，人間としての生き方に迫ることができるよう題材の選択，構成の工夫等に努めなければならない。

(3) 多様な見方や考え方のできる事柄を取り扱う場合には，特定の見方や考え方に偏った取扱いがなされていないものであること

道徳科では，様々な課題に対応していくために，人間としての生き方や社会の在り方について，多様な価値観の存在を前提にして，他者と対話し協働しながら，物事を広い視野から多面的・多角的に考えることを求めている。したがって，時に対立がある場合も含めて多様な見方や考え方のできる事象や，多様な生き方が織り込まれ，生きる勇気や知恵などを感じられる人物などを取り扱うことは非常に有効であると考えられる。一方で，公教育として道徳科の指導を行う上で最も大切なことは，活用する教材が特定の価値観に偏しないことであり，多様な見方や考え方のできる事柄を取り扱う場合には，特定の見方や考え方に偏った取扱いがなされていないか検討する必要がある。

なお，教科用図書以外の教材を使用するに当たっては，「学校における補助教材の適正な取扱いについて」（平成27年3月4日　初等中等教育局長通知）など，関係する法規等の趣旨を十分に理解した上で，適切に使用することが重要である。

第5章　道徳科の評価

第1節　道徳科における評価の意義

> （「第3章　特別の教科　道徳」の「第3　指導計画の作成と内容の取扱い」の4）
> 　生徒の学習状況や道徳性に係る成長の様子を継続的に把握し，指導に生かすよう努める必要がある。ただし，数値などによる評価は行わないものとする。

1　道徳教育における評価の意義

　学習における評価とは，生徒にとっては，自らの成長を実感し意欲の向上につなげていくものであり，教師にとっては，指導の目標や計画，指導方法の改善・充実に取り組むための資料となるものである。

　教育において指導の効果を上げるためには，指導計画の下に，目標に基づいて教育実践を行い，指導のねらいや内容に照らして生徒の学習状況を把握するとともに，その結果を踏まえて，学校としての取組や教師自らの指導について改善を行うサイクルが重要である。

　道徳教育における評価も，常に指導に生かされ，結果的に生徒の成長につながるものでなくてはならない。学習指導要領第1章総則の第3の2の(1)では，「生徒のよい点や進歩の状況などを積極的に評価し，学習したことの意義や価値を実感できるようにすること」と示しており，他者との比較ではなく生徒一人一人のもつよい点や可能性などの多様な側面，進歩の様子などを把握し，年間や学期にわたって生徒がどれだけ成長したかという視点を大切にすることが重要であるとしている。道徳教育においてもこうした考え方は踏襲されるべきである。

　このことから，学校の教育活動全体を通じて行う道徳教育における評価については，教師が生徒一人一人の人間的な成長を見守り，生徒自身の自己のよりよい生き方を求めていく努力を評価し，それを勇気付ける働きをもつようにすることが求められる。そして，それは教師と生徒の温かな人格的な触れ合いに基づいて，共感的に理解されるべきものである。

2 道徳科における評価の意義

　学習指導要領第3章の第3の4において,「生徒の学習状況や道徳性に係る成長の様子を継続的に把握し, 指導に生かすよう努める必要がある。ただし, 数値などによる評価は行わないものとする。」と示している。これは, 道徳科の評価を行わないとしているのではない。道徳科において養うべき道徳性は, 生徒の人格全体に関わるものであり, 数値などによって不用意に評価してはならないことを特に明記したものである。したがって, 教師は道徳科においてもこうした点を踏まえ, それぞれの授業における指導のねらいとの関わりにおいて, 生徒の学習状況や道徳性に係る成長の様子を様々な方法で捉えて, 個々の生徒の成長を促すとともに, それによって自らの指導を評価し, 改善に努めることが大切である。

第2節　道徳科における生徒の学習状況及び成長の様子についての評価

1　評価の基本的態度

　道徳科は，道徳教育の目標に基づき，各教科，総合的な学習の時間及び特別活動における道徳教育と密接な関連を図りながら，計画的，発展的な指導によって道徳性を養うことがねらいである。

　道徳性とは，人間としてよりよく生きようとする人格的特性であり，道徳的判断力，道徳的心情，道徳的実践意欲及び態度を諸様相とする内面的資質である。このような道徳性が養われたか否かは，容易に判断できるものではない。

　しかし，道徳性を養うことを学習活動として行う道徳科の指導では，その学習状況や成長の様子を適切に把握し評価することが求められる。生徒の学習状況は，指導によって変わる。道徳科における生徒の学習状況の把握と評価については，教師が道徳科における指導と評価の考え方について明確にした指導計画の作成が求められる。道徳性を養う道徳教育の要である道徳科の授業を改善していくことの重要性はここにある。

　道徳科で養う道徳性は，生徒が将来いかに人間としてよりよく生きるか，いかに諸問題に適切に対応するかといった個人の問題に関わるものである。このことから，中学校の段階でどれだけ道徳的価値を理解したかなどの基準を設定することはふさわしくない。

　道徳性の評価の基盤には，教師と生徒との人格的な触れ合いによる共感的な理解が存在することが重要である。その上で，生徒の成長を見守り，努力を認めたり，励ましたりすることによって，生徒が自らの成長を実感し，更に意欲的に取り組もうとするきっかけとなるような評価を目指すことが求められる。なお，道徳性は，極めて多様な生徒の人格全体に関わるものであることから，評価に当たっては，個人内の成長の過程を重視すべきである。

2　道徳科における評価

(1) 道徳科に関する評価の基本的な考え方

　道徳科の目標は，道徳的諸価値についての理解を基に，自己を見つめ，物事を広い視野から多面的・多角的に考え，人間としての生き方についての考えを深める学習を通して，道徳的な判断力，心情，実践意欲及び態度を育てることであるが，道徳性の諸様相である道徳的な判断力，心情，実践意欲と態度のそれぞれに

ついて分節し，学習状況を分析的に捉える観点別評価を通じて見取ろうとすることは，生徒の人格そのものに働きかけ，道徳性を養うことを目標とする道徳科の評価としては妥当ではない。

　授業において生徒に考えさせることを明確にして，「道徳的諸価値についての理解を基に，自己を見つめ，物事を広い視野から多面的・多角的に考え，人間としての生き方についての考えを深める」という目標に掲げる学習活動における生徒の具体的な取組状況を，一定のまとまりの中で，生徒が学習の見通しを立てたり学習したことを振り返ったりする活動を適切に設定しつつ，学習活動全体を通して見取ることが求められる。

　その際，個々の内容項目ごとではなく，大くくりなまとまりを踏まえた評価とすることや，他の生徒との比較による評価ではなく，生徒がいかに成長したかを積極的に受け止めて認め，励ます個人内評価として記述式で行うことが求められる。

　道徳科の内容項目は，道徳科の指導の内容を構成するものであるが，内容項目について単に知識として観念的に理解させるだけの指導や，特定の考え方に無批判に従わせるような指導であってはならない。内容項目は，道徳性を養う手掛かりとなるものであり，内容項目に含まれる道徳的諸価値の理解を基に，自己を見つめ，物事を広い視野から多面的・多角的に考え，人間としての生き方についての考えを深める学習を通して，「道徳性を養う」ことが道徳科の目標である。このため，道徳科の学習状況の評価に当たっては，道徳科の学習活動に着目し，年間や学期といった一定の時間的なまとまりの中で，生徒の学習状況や道徳性に係る成長の様子を把握する必要がある。

　こうしたことを踏まえ，評価に当たっては，特に，学習活動において生徒が道徳的価値やそれらに関わる諸事象について他者の考え方や議論に触れ，自律的に思考する中で，一面的な見方から多面的・多角的な見方へと発展しているか，道徳的価値の理解を自分自身との関わりの中で深めているかといった点を重視することが重要である。このことは道徳科の目標に明記された学習活動に着目して評価を行うということである。道徳科では，生徒が「自己を見つめ」「広い視野から多面的・多角的に」考える学習活動において，「道徳的諸価値についての理解」と「人間としての生き方についての考え」を，相互に関連付けることによって，深い理解，深い考えとなっていく。こうした学習における一人一人の生徒の姿を把握していくことが生徒の学習活動に着目した評価を行うことになる。

　なお，道徳科においては，生徒自身が，真正面から自分のこととして道徳的価値に広い視野から多面的・多角的に向き合うことが重要である。また，道徳科における学習状況や道徳性に係る成長の様子の把握は，生徒の人格そのものに働き

かけ，道徳性を養うという道徳科の目標に照らし，生徒がいかに成長したかを積極的に受け止めて認め，励ます観点から行うものであり，個人内評価であるとの趣旨がより強く要請されるものである。これらを踏まえると，道徳科の評価は，選抜に当たり客観性・公平性が求められる入学者選抜とはなじまないものであり，このため，道徳科の評価は調査書には記載せず，入学者選抜の合否判定に活用することのないようにする必要がある。

(2) 個人内評価として見取り，記述により表現することの基本的な考え方

道徳科において，生徒の学習状況や道徳性に係る成長の様子をどのように見取り，記述するかということについては，学校の実態や生徒の実態に応じて，教師の明確な意図の下，学習指導過程や指導方法の工夫と併せて適切に考える必要がある。

生徒が一面的な見方から多面的・多角的な見方へと発展させているかどうかという点については，例えば，道徳的価値に関わる問題に対する判断の根拠やそのときの心情を様々な視点から捉え考えようとしていることや，自分と違う立場や感じ方，考え方を理解しようとしていること，複数の道徳的価値の対立が生じる場面において取り得る行動を広い視野から多面的・多角的に考えようとしていることを発言や感想文，質問紙の記述等から見取るという方法が考えられる。

道徳的価値の理解を自分自身との関わりの中で深めているかどうかという点についても，例えば，読み物教材の登場人物を自分に置き換えて考え，自分なりに具体的にイメージして理解しようとしていることに着目したり，現在の自分自身を振り返り，自らの行動や考えを見直していることがうかがえる部分に着目したりするという視点も考えられる。また，道徳的な問題に対して自己の取り得る行動を他者と議論する中で，道徳的価値の理解を更に深めているかや，道徳的価値を実現することの難しさを自分のこととして捉え，考えようとしているかという視点も考えられる。

また，発言が多くない生徒や考えたことを文章に記述することが苦手な生徒が，教師や他の生徒の発言に聞き入ったり，考えを深めようとしたりしている姿に着目するなど，発言や記述ではない形で表出する生徒の姿に着目するということも重要である。

さらに，年間や学期を通じて，当初は感想文や質問紙に，感想をそのまま書いただけであった生徒が，学習を重ねていく中で，読み物教材の登場人物に共感したり，自分なりに考えを深めた内容を書くようになったりすることや，既習の内容と関連付けて考えている場面に着目するなど，1単位時間の授業だけでなく，生徒が一定の期間を経て，多面的・多角的な見方へと発展していたり，道徳的価

値の理解が深まったりしていることを見取るという視点もある。

　ここに挙げた視点はいずれについても例示であり，指導する教師一人一人が，質の高い多様な指導方法へと指導の改善を行い学習意欲の向上に生かすようにするという道徳科の評価の趣旨を理解した上で，学校の状況や生徒一人一人の状況を踏まえた評価を工夫することが求められる。

(3) 評価のための具体的な工夫

　道徳科における学習状況や道徳性に係る成長の様子を把握するに当たっては，生徒が学習活動を通じて多面的・多角的な見方へ発展させていることや，道徳的価値の理解を自分との関わりで深めていることを見取るための様々な工夫が必要である。

　例えば，生徒の学習の過程や成果などの記録を計画的にファイルに蓄積したものや生徒が道徳性を養っていく過程での生徒自身のエピソードを累積したものを評価に活用すること，作文やレポート，スピーチやプレゼンテーションなど具体的な学習の過程を通じて生徒の学習状況や道徳性に係る成長の様子を把握することが考えられる。

　なお，こうした評価に当たっては，記録物や実演自体を評価するのではなく，学習過程を通じていかに道徳的価値の理解を深めようとしていたか，自分との関わりで考えたかなどの成長の様子を見取るためのものであることに留意が必要である。

　また，生徒が行う自己評価や相互評価について，これら自体は生徒の学習活動であり，教師が行う評価活動ではないが，生徒が自身のよい点や可能性に気付くことを通じ，主体的に学ぶ意欲を高めることなど，学習の在り方を改善していくことに役立つものであり，これらを効果的に活用し学習活動を深めていくことも重要である。年度当初に自らの課題や目標を捉えるための学習を行ったり，年度途中や年度末に自分自身を振り返る学習を工夫したりすることも考えられる。

　さらに，年に数回，教師が交代で学年の全学級を回って道徳の授業を行うといった取組も効果的である。このことは，教師が自分の専門教科など，得意分野に引きつけて道徳科の授業を展開することができる。また，何度も同じ教材で授業を行うことにより指導力の向上につながるという指導面からの利点とともに，学級担任が自分の学級の授業を参観することが可能となり，普段の授業とは違う角度から生徒の新たな一面を発見することができるなど，生徒の学習状況や道徳性に係る成長の様子をより多面的・多角的に把握することができるといった評価の改善の観点からも有効であると考えられる。

(4) 組織的，計画的な評価の推進

道徳科の評価を推進するに当たっては，学習評価の妥当性，信頼性等を担保することが重要である。そのためには，評価は個々の教師が個人として行うのではなく，学校として組織的・計画的に行われることが重要である。

例えば，学年ごとに評価のために集める資料や評価方法等を明確にしておくことや，評価結果について教師間で検討し評価の視点などについて共通理解を図ること，評価に関する実践事例を蓄積し共有することなどが重要であり，これらについて，校長及び道徳教育推進教師のリーダーシップの下に学校として組織的・計画的に取り組むことが必要である。校務分掌の道徳部会や学年会あるいは校内研修会等で，道徳科の指導記録を分析し検討するなどして指導の改善に生かすとともに，日常的に授業を交流し合い，全教師の共通理解の下に評価を行うことが大切である。

また，校長や教頭などの授業参加や他の教師との協力的な指導，保護者や地域の人々，各分野の専門家等の授業参加などに際して，学級担任以外からの生徒の学習状況や道徳性に係る成長の様子について意見や所感を得るなどして，学級担任が生徒を多面的・多角的に評価したり，教師自身の評価に関わる力量を高めたりすることも大切である。なお，先に述べた，教師が交代で学年の全学級を回って道徳の授業を行うといった取組は，生徒の変容を複数の目で見取り，評価に対して共通認識をもつ機会となるものであり，評価を組織的に進めるための一つの方法としても効果的であると考えられる。

このような，組織的・計画的な取組の蓄積と定着が，道徳科の評価の妥当性，信頼性等の担保につながる。また，こうしたことが，教師が道徳科の評価に対して自信をもって取り組み，負担感を軽減することにもつながるものと考えられる。

(5) 発達障害等のある生徒や海外から帰国した生徒，日本語習得に困難のある生徒等に対する配慮

発達障害等のある生徒に対する指導や評価を行う上では，それぞれの学習の過程で考えられる「困難さの状態」をしっかりと把握した上で必要な配慮が求められる。

例えば，他者との社会的関係の形成に困難がある生徒の場合であれば，相手の気持ちを想像することが苦手で字義どおりの解釈をしてしまうことがあることや，暗黙のルールや一般的な常識が理解できないことがあることなど困難さの状況を十分に理解した上で，例えば，他者の心情を理解するために役割を交代して動作化，劇化したり，ルールを明文化したりするなど，学習過程において想定される困難さとそれに対する指導上の工夫が必要である。

そして，評価を行うに当たっても，困難さの状況ごとの配慮を踏まえることが必要である。前述のような配慮を伴った指導を行った結果として，相手の意見を取り入れつつ自分の考えを深めているかなど，生徒が多面的・多角的な見方へ発展させていたり道徳的価値を自分のこととして捉えていたりしているかといったことを丁寧に見取る必要がある。

発達障害等のある生徒の学習状況や道徳性に係る成長の様子を把握するため，道徳的価値の理解を深めていることをどのように見取るのかという評価資料を集めたり，集めた資料を検討したりするに当たっては，相手の気持ちを想像することが苦手であることや，望ましいと分かっていてもそのとおりにできないことがあるなど，一人一人の障害により学習上の困難さの状況をしっかり踏まえた上で行い，評価することが重要である。

道徳科の評価は他の生徒との比較による評価や目標への到達度を測る評価ではなく，一人一人の生徒がいかに成長したかを積極的に受け止めて認め，励ます個人内評価として行うことから，このような道徳科の評価本来の在り方を追究していくことが，一人一人の学習上の困難さに応じた評価につながるものと考えられる。

なお，こうした考え方は，海外から帰国した生徒や外国人の生徒，両親が国際結婚であるなどのいわゆる外国につながる生徒について，一人一人の生徒の状況に応じた指導と評価を行う上でも重要である。これらの生徒の多くは，外国での生活や異文化に触れてきた経験などを通して，我が国の社会とは異なる言語や生活習慣，行動様式を身に付けていると考えられる。また，日本語の理解が不十分なために，他の生徒と意見を伝え合うことなどが難しいことも考えられる。それぞれの生徒の置かれている状況に配慮した指導を行いつつ，その結果として，生徒が多面的・多角的な見方へと発展させていたり道徳的価値を自分のこととして捉えていたりしているかといったことを，丁寧に見取ることが求められる。その際，日本語を使って十分に表現することが困難な生徒については，発言や記述以外の形で見られる様々な姿に着目するなど，より配慮した対応が求められる。

第3節　道徳科の授業に対する評価

1　授業に対する評価の必要性

　学習指導要領第1章総則には，教育課程実施上の配慮事項として，「生徒のよい点や進歩の状況などを積極的に評価し，学習したことの意義や価値を実感できるようにすること。また，各教科等の目標の実現に向けた学習状況を把握する観点から，単元や題材など内容や時間のまとまりを見通しながら評価の場面や方法を工夫して，学習の過程や成果を評価し，指導の改善や学習意欲の向上を図り，資質・能力の育成に生かすようにすること。」として学習評価を指導の改善につなげることについての記述がある。

　道徳科においても，教師が自らの指導を振り返り，指導の改善に生かしていくことが大切であり，授業の評価を改善につなげる過程を一層重視する必要がある。

2　授業に対する評価の基本的な考え方

　生徒の学習状況の把握を基に授業に関する評価と改善を行う上で，学習指導過程や指導方法を振り返ることは重要である。教師自らの指導を評価し，その評価を授業の中で更なる指導に生かすことが，道徳性を養う指導の改善につながる。

　明確な意図をもって指導の計画を立て，授業の中で予想される具体的な生徒の学習状況を想定し，授業の振り返りの観点を立てることが重要である。こうした観点をもつことで，指導と評価の一体化が実現することになる。

　道徳科の学習指導過程や指導方法に関する評価の観点はそれぞれの授業によって，より具体的なものとなるが，その観点としては，例えば，次のようなものが考えられる。

　ア　学習指導過程は，道徳科の特質を生かし，道徳的諸価値についての理解を基に，自己を見つめ，人間としての生き方について考えを深められるよう適切に構成されていたか。また，指導の手立てはねらいに即した適切なものとなっていたか。

　イ　発問は，生徒が広い視野から多面的・多角的に考えることができる問い，道徳的価値を自分のこととして捉えることができる問いなど，指導の意図に基づいて的確になされていたか。

　ウ　生徒の発言を傾聴して受け止め，発問に対する生徒の発言などの反応を，適切に指導に生かしていたか。

　エ　自分自身との関わりで，物事を広い視野から多面的・多角的に考えさせる

ための，教材や教具の活用は適切であったか。
　オ　ねらいとする道徳的価値についての理解を深めるための指導方法は，生徒の実態や発達の段階にふさわしいものであったか。
　カ　特に配慮を要する生徒に適切に対応していたか。

3　授業に対する評価の工夫

　ア　授業者自らによる評価
　　授業者自らが記憶や授業中のメモ，板書の写真，録音，録画などによって学習指導過程や指導方法を振り返ることも大切である。録音や録画で授業を振り返ることは，今まで気付かなかった傾向や状況に応じた適切な対応の仕方などに気付くことにもなる。生徒一人一人の学習状況を確かめる手立てを用意しておき，それに基づく評価を行うことも考えられる。
　イ　他の教師による評価
　　道徳科の授業を公開して参観した教師から指摘を受けたり，ティーム・ティーチングの協力者などから評価を得たりする機会を得ることも重要である。その際,あらかじめ重点とする評価項目を設けておくと,具体的なフィードバックが得られやすい。

4　評価を指導の改善に生かす工夫と留意点

　道徳科の指導は，道徳性の性格上，１単位時間の指導だけでその成長を見取ることが困難である。そのため，指導による生徒の学習状況を把握して評価することを通して，改めて学習指導過程や指導方法について検討し，今後の指導に生かすことができるようにしなければならない。

　生徒の道徳性を養い得る質の高い授業を創造するためには，授業改善に資する学習指導過程や指導方法の改善に役立つ多面的・多角的な評価を心掛ける必要がある。また，道徳科の授業で生徒が伸びやかに自分の感じ方や考え方を述べたり，他の生徒の感じ方や考え方を聞いたり，様々な表現ができたりするのは，日々の学級経営と密接に関わっている。

　道徳科における生徒の道徳性に係る成長の様子に関する評価においては，慎重かつ計画的に取り組む必要がある。道徳科は，生徒の人格そのものに働きかけるものであるため，その評価は安易なものであってはならない。生徒のよい点や成長の様子などを積極的に捉え，それらを日常の指導や個別指導に生かしていくよう努めなくてはならない。

付録

目次

- 付録1：学校教育法施行規則（抄）……………………120
- 付録2：中学校学習指導要領　第1章　総則　……………125
- 付録3：中学校学習指導要領　第3章　特別の教科　道徳　…134
- 付録4：小学校学習指導要領　第3章　特別の教科　道徳　…138
- 付録5：中学校学習指導要領解説　総則編（抄）……………144

学校教育法施行規則（抄）

昭和二十二年五月二十三日文部省令第十一号
一部改正：平成二十九年三月三十一日文部科学省令第二十号
平成三十年八月二十七日文部科学省令第二十七号

第四章　小学校

第二節　教育課程

第五十条　小学校の教育課程は，国語，社会，算数，理科，生活，音楽，図画工作，家庭，体育及び外国語の各教科（以下本節中「各教科」という。），道徳，外国語活動，総合的な学習の時間並びに特別活動によつて編成するものとする。

2　私立の小学校の教育課程を編成する場合は，前項の規定にかかわらず，宗教を加えることができる。この場合においては，宗教をもつて前項の道徳に代えることができる。

第五十四条　児童が心身の状況によつて履修することが困難な各教科は，その児童の心身の状況に適合するように課さなければならない。

第五十五条　小学校の教育課程に関し，その改善に資する研究を行うため特に必要があり，かつ，児童の教育上適切な配慮がなされていると文部科学大臣が認める場合においては，文部科学大臣が別に定めるところにより，第五十条第一項，第五十一条（中学校連携型小学校にあつては第五十二条の三，第七十九条の九第二項に規定する中学校併設型小学校にあつては第七十九条の十二において準用する第七十九条の五第一項）又は第五十二条の規定によらないことができる。

第五十五条の二　文部科学大臣が，小学校において，当該小学校又は当該小学校が設置されている地域の実態に照らし，より効果的な教育を実施するため，当該小学校又は当該地域の特色を生かした特別の教育課程を編成して教育を実施する必要があり，かつ，当該特別の教育課程について，教育基本法（平成十八年法律第百二十号）及び学校教育法第三十条第一項の規定等に照らして適切であり，児童の教育上適切な配慮がなされているものとして文部科学大臣が定める基準を満たしていると認める場合においては，文部科学大臣が別に定めるところにより，第五十条第一項，第五十一条（中学校連携型小学校にあつては第五十二条の三，第七十九条の九第二項に規定する中学校併設型小学校にあつては第七十九条の十二において準用する第七十九条の五第一項）又は第五十二条の規定の全部又は一部によらないことができる。

第五十六条　小学校において，学校生活への適応が困難であるため相当の期間小学校を欠席し引き続き欠席すると認められる児童を対象として，その実態に配

付録1

慮した特別の教育課程を編成して教育を実施する必要があると文部科学大臣が認める場合においては，文部科学大臣が別に定めるところにより，第五十条第一項，第五十一条（中学校連携型小学校にあつては第五十二条の三，第七十九条の九第二項に規定する中学校併設型小学校にあつては第七十九条の十二において準用する第七十九条の五第一項）又は第五十二条の規定によらないことができる。

第五十六条の二　小学校において，日本語に通じない児童のうち，当該児童の日本語を理解し，使用する能力に応じた特別の指導を行う必要があるものを教育する場合には，文部科学大臣が別に定めるところにより，第五十条第一項，第五十一条（中学校連携型小学校にあつては第五十二条の三，第七十九条の九第二項に規定する中学校併設型小学校にあつては第七十九条の十二において準用する第七十九条の五第一項）及び第五十二条の規定にかかわらず，特別の教育課程によることができる。

第五十六条の三　前条の規定により特別の教育課程による場合においては，校長は，児童が設置者の定めるところにより他の小学校，義務教育学校の前期課程又は特別支援学校の小学部において受けた授業を，当該児童の在学する小学校において受けた当該特別の教育課程に係る授業とみなすことができる。

第五十六条の四　小学校において，学齢を経過した者のうち，その者の年齢，経験又は勤労の状況その他の実情に応じた特別の指導を行う必要があるものを夜間その他特別の時間において教育する場合には，文部科学大臣が別に定めるところにより，第五十条第一項，第五十一条（中学校連携型小学校にあつては第五十二条の三，第七十九条の九第二項に規定する中学校併設型小学校にあつては第七十九条の十二において準用する第七十九条の五第一項）及び第五十二条の規定にかかわらず，特別の教育課程によることができる。

第三節　学年及び授業日

第六十一条　公立小学校における休業日は，次のとおりとする。ただし，第三号に掲げる日を除き，当該学校を設置する地方公共団体の教育委員会（公立大学法人の設置する小学校にあつては，当該公立大学法人の理事長。第三号において同じ。）が必要と認める場合は，この限りでない。
　一　国民の祝日に関する法律（昭和二十三年法律第百七十八号）に規定する日
　二　日曜日及び土曜日
　三　学校教育法施行令第二十九条第一項の規定により教育委員会が定める日
第六十二条　私立小学校における学期及び休業日は，当該学校の学則で定める。

第五章　中学校

第七十二条　中学校の教育課程は，国語，社会，数学，理科，音楽，美術，保健体育，技術・家庭及び外国語の各教科（以下本章及び第七章中「各教科」という。），道徳，総合的な学習の時間並びに特別活動によつて編成するものとする。

第七十三条　中学校（併設型中学校，第七十四条の二第二項に規定する小学校連携型中学校，第七十五条第二項に規定する連携型中学校及び第七十九条の九第二項に規定する小学校併設型中学校を除く。）の各学年における各教科，道徳，総合的な学習の時間及び特別活動のそれぞれの授業時数並びに各学年におけるこれらの総授業時数は，別表第二に定める授業時数を標準とする。

第七十四条　中学校の教育課程については，この章に定めるもののほか，教育課程の基準として文部科学大臣が別に公示する中学校学習指導要領によるものとする。

第七十九条　第四十一条から第四十九条まで，第五十条第二項，第五十四条から第六十八条までの規定は，中学校に準用する。この場合において，第四十二条中「五学級」とあるのは「二学級」と，第五十五条から第五十六条の二まで及び第五十六条の四の規定中「第五十条第一項」とあるのは「第七十二条」と,「第五十一条（中学校連携型小学校にあつては第五十二条の三，第七十九条の九第二項に規定する中学校併設型小学校にあつては第七十九条の十二において準用する第七十九条の五第一項）」とあるのは「第七十三条（併設型中学校にあつては第百十七条において準用する第百七条，小学校連携型中学校にあつては第七十四条の三，連携型中学校にあつては第七十六条，第七十九条の九第二項に規定する小学校併設型中学校にあつては第七十九条の十二において準用する第七十九条の五第二項）」と,「第五十二条」とあるのは「第七十四条」と，第五十五条の二中「第三十条第一項」とあるのは「第四十六条」と，第五十六条の三中「他の小学校，義務教育学校の前期課程又は特別支援学校の小学部」とあるのは「他の中学校，義務教育学校の後期課程，中等教育学校の前期課程又は特別支援学校の中学部」と読み替えるものとする。

第八章　特別支援教育

第百三十四条の二　校長は，特別支援学校に在学する児童等について個別の教育支援計画（学校と医療，保健，福祉，労働等に関する業務を行う関係機関及び民間団体（次項において「関係機関等」という。）との連携の下に行う当該児童等に対する長期的な支援に関する計画をいう。）を作成しなければならない。

2 校長は,前項の規定により個別の教育支援計画を作成するに当たつては,当該児童等又はその保護者の意向を踏まえつつ,あらかじめ,関係機関等と当該児童等の支援に関する必要な情報の共有を図らなければならない。

第百三十八条 小学校,中学校若しくは義務教育学校又は中等教育学校の前期課程における特別支援学級に係る教育課程については,特に必要がある場合は,第五十条第一項(第七十九条の六第一項において準用する場合を含む。),第五十一条,第五十二条(第七十九条の六第一項において準用する場合を含む。),第五十二条の三,第七十二条(第七十九条の六第二項及び第百八条第一項において準用する場合を含む。),第七十三条,第七十四条(第七十九条の六第二項及び第百八条第一項において準用する場合を含む。),第七十四条の三,第七十六条,第七十九条の五(第七十九条の十二において準用する場合を含む。)及び第百七条(第百十七条において準用する場合を含む。)の規定にかかわらず,特別の教育課程によることができる。

第百三十九条の二 第百三十四条の二の規定は,小学校,中学校若しくは義務教育学校又は中等教育学校の前期課程における特別支援学級の児童又は生徒について準用する。

第百四十条 小学校,中学校,義務教育学校,高等学校又は中等教育学校において,次の各号のいずれかに該当する児童又は生徒(特別支援学級の児童及び生徒を除く。)のうち当該障害に応じた特別の指導を行う必要があるものを教育する場合には,文部科学大臣が別に定めるところにより,第五十条第一項(第七十九条の六第一項において準用する場合を含む。),第五十一条,第五十二条(第七十九条の六第一項において準用する場合を含む。),第五十二条の三,第七十二条(第七十九条の六第二項及び第百八条第一項において準用する場合を含む。),第七十三条,第七十四条(第七十九条の六第二項及び第百八条第一項において準用する場合を含む。),第七十四条の三,第七十六条,第七十九条の五(第七十九条の十二において準用する場合を含む。),第八十三条及び第八十四条(第百八条第二項において準用する場合を含む。)並びに第百七条(第百十七条において準用する場合を含む。)の規定にかかわらず,特別の教育課程によることができる。

一 言語障害者
二 自閉症者
三 情緒障害者
四 弱視者
五 難聴者
六 学習障害者

七　注意欠陥多動性障害者

八　その他障害のある者で，この条の規定により特別の教育課程による教育を行うことが適当なもの

第百四十一条　前条の規定により特別の教育課程による場合においては，校長は，児童又は生徒が，当該小学校，中学校，義務教育学校，高等学校又は中等教育学校の設置者の定めるところにより他の小学校，中学校，義務教育学校，高等学校，中等教育学校又は特別支援学校の小学部，中学部若しくは高等部において受けた授業を，当該小学校，中学校，義務教育学校，高等学校又は中等教育学校において受けた当該特別の教育課程に係る授業とみなすことができる。

第百四十一条の二　第百三十四条の二の規定は，第百四十条の規定により特別の指導が行われている児童又は生徒について準用する。

附　則（平成二十九年三月三十一日文部科学省令第二十号）

この省令は，平成三十二年四月一日から施行する。

別表第二（第七十三条関係）

区　　　　分		第1学年	第2学年	第3学年
各教科の授業時数	国　　語	140	140	105
	社　　会	105	105	140
	数　　学	140	105	140
	理　　科	105	140	140
	音　　楽	45	35	35
	美　　術	45	35	35
	保 健 体 育	105	105	105
	技術・家庭	70	70	35
	外 国 語	140	140	140
特別の教科である道徳の授業時数		35	35	35
総合的な学習の時間の授業時数		50	70	70
特別活動の授業時数		35	35	35
総授業時数		1015	1015	1015

備考

　一　この表の授業時数の一単位時間は，五十分とする。

　二　特別活動の授業時数は，中学校学習指導要領で定める学級活動（学校給食に係るものを除く。）に充てるものとする。

中学校学習指導要領 第1章 総則

● 第1 中学校教育の基本と教育課程の役割

1 各学校においては，教育基本法及び学校教育法その他の法令並びにこの章以下に示すところに従い，生徒の人間として調和のとれた育成を目指し，生徒の心身の発達の段階や特性及び学校や地域の実態を十分考慮して，適切な教育課程を編成するものとし，これらに掲げる目標を達成するよう教育を行うものとする。

2 学校の教育活動を進めるに当たっては，各学校において，第3の1に示す主体的・対話的で深い学びの実現に向けた授業改善を通して，創意工夫を生かした特色ある教育活動を展開する中で，次の(1)から(3)までに掲げる事項の実現を図り，生徒に生きる力を育むことを目指すものとする。

(1) 基礎的・基本的な知識及び技能を確実に習得させ，これらを活用して課題を解決するために必要な思考力，判断力，表現力等を育むとともに，主体的に学習に取り組む態度を養い，個性を生かし多様な人々との協働を促す教育の充実に努めること。その際，生徒の発達の段階を考慮して，生徒の言語活動など，学習の基盤をつくる活動を充実するとともに，家庭との連携を図りながら，生徒の学習習慣が確立するよう配慮すること。

(2) 道徳教育や体験活動，多様な表現や鑑賞の活動等を通して，豊かな心や創造性の涵養を目指した教育の充実に努めること。

学校における道徳教育は，特別の教科である道徳（以下「道徳科」という。）を要として学校の教育活動全体を通じて行うものであり，道徳科はもとより，各教科，総合的な学習の時間及び特別活動のそれぞれの特質に応じて，生徒の発達の段階を考慮して，適切な指導を行うこと。

道徳教育は，教育基本法及び学校教育法に定められた教育の根本精神に基づき，人間としての生き方を考え，主体的な判断の下に行動し，自立した人間として他者と共によりよく生きるための基盤となる道徳性を養うことを目標とすること。

道徳教育を進めるに当たっては，人間尊重の精神と生命に対する畏敬の念を家庭，学校，その他社会における具体的な生活の中に生かし，豊かな心をもち，伝統と文化を尊重し，それらを育んできた我が国と郷土を愛し，個性豊かな文化の創造を図るとともに，平和で民主的な国家及び社会の形成者として，公共の精神を尊び，社会及び国家の発展に努め，他国を尊重し，国際社会の平和と発展や環境の保全に貢献し未来を拓く主体性のある日本人の育成に資することとなるよう特に留意すること。

(3) 学校における体育・健康に関する指導を，生徒の発達の段階を考慮して，学校の教育活動全体を通じて適切に行うことにより，健康で安全な生活と豊かなスポーツライフの実現を目指した教育の充実に努めること。特に，学校における食育の推進並びに体力の向上に関する指導，安全に関する指導及び心身の健康の保持増進に関する指導については，保健体育科，技術・家庭科及び特別活動の時間はもとより，各教科，道徳科及び総合的な学習の時間などにおいてもそれぞれの特質に応じて適切に行うよう

付録2

努めること。また，それらの指導を通して，家庭や地域社会との連携を図りながら，日常生活において適切な体育・健康に関する活動の実践を促し，生涯を通じて健康・安全で活力ある生活を送るための基礎が培われるよう配慮すること。

3　2の(1)から(3)までに掲げる事項の実現を図り，豊かな創造性を備え持続可能な社会の創り手となることが期待される生徒に，生きる力を育むことを目指すに当たっては，学校教育全体並びに各教科，道徳科，総合的な学習の時間及び特別活動（以下「各教科等」という。ただし，第2の3の(2)のア及びウにおいて，特別活動については学級活動（学校給食に係るものを除く。）に限る。）の指導を通してどのような資質・能力の育成を目指すのかを明確にしながら，教育活動の充実を図るものとする。その際，生徒の発達の段階や特性等を踏まえつつ，次に掲げることが偏りなく実現できるようにするものとする。

　(1)　知識及び技能が習得されるようにすること。
　(2)　思考力，判断力，表現力等を育成すること。
　(3)　学びに向かう力，人間性等を涵養すること。

4　各学校においては，生徒や学校，地域の実態を適切に把握し，教育の目的や目標の実現に必要な教育の内容等を教科等横断的な視点で組み立てていくこと，教育課程の実施状況を評価してその改善を図っていくこと，教育課程の実施に必要な人的又は物的な体制を確保するとともにその改善を図っていくことなどを通して，教育課程に基づき組織的かつ計画的に各学校の教育活動の質の向上を図っていくこと（以下「カリキュラム・マネジメント」という。）に努めるものとする。

● 第2　教育課程の編成

1　各学校の教育目標と教育課程の編成

　　教育課程の編成に当たっては，学校教育全体や各教科等における指導を通して育成を目指す資質・能力を踏まえつつ，各学校の教育目標を明確にするとともに，教育課程の編成についての基本的な方針が家庭や地域とも共有されるよう努めるものとする。その際，第4章総合的な学習の時間の第2の1に基づき定められる目標との関連を図るものとする。

2　教科等横断的な視点に立った資質・能力の育成
　(1)　各学校においては，生徒の発達の段階を考慮し，言語能力，情報活用能力（情報モラルを含む。），問題発見・解決能力等の学習の基盤となる資質・能力を育成していくことができるよう，各教科等の特質を生かし，教科等横断的な視点から教育課程の編成を図るものとする。
　(2)　各学校においては，生徒や学校，地域の実態及び生徒の発達の段階を考慮し，豊かな人生の実現や災害等を乗り越えて次代の社会を形成することに向けた現代的な諸課題に対応して求められる資質・能力を，教科等横断的な視点で育成していくことができるよう，各学校の特色を生かした教育課程の編成を図るものとする。

3　教育課程の編成における共通的事項
　(1)　内容等の取扱い

ア 第2章以下に示す各教科，道徳科及び特別活動の内容に関する事項は，特に示す場合を除き，いずれの学校においても取り扱わなければならない。

イ 学校において特に必要がある場合には，第2章以下に示していない内容を加えて指導することができる。また，第2章以下に示す内容の取扱いのうち内容の範囲や程度等を示す事項は，全ての生徒に対して指導するものとする内容の範囲や程度等を示したものであり，学校において特に必要がある場合には，この事項にかかわらず加えて指導することができる。ただし，これらの場合には，第2章以下に示す各教科，道徳科及び特別活動の目標や内容の趣旨を逸脱したり，生徒の負担過重となったりすることのないようにしなければならない。

ウ 第2章以下に示す各教科，道徳科及び特別活動の内容に掲げる事項の順序は，特に示す場合を除き，指導の順序を示すものではないので，学校においては，その取扱いについて適切な工夫を加えるものとする。

エ 学校において2以上の学年の生徒で編制する学級について特に必要がある場合には，各教科の目標の達成に支障のない範囲内で，各教科の目標及び内容について学年別の順序によらないことができる。

オ 各学校においては，生徒や学校，地域の実態を考慮して，生徒の特性等に応じた多様な学習活動が行えるよう，第2章に示す各教科や，特に必要な教科を，選択教科として開設し生徒に履修させることができる。その場合にあっては，全ての生徒に指導すべき内容との関連を図りつつ，選択教科の授業時数及び内容を適切に定め選択教科の指導計画を作成し，生徒の負担加重となることのないようにしなければならない。また，特に必要な教科の名称，目標，内容などについては，各学校が適切に定めるものとする。

カ 道徳科を要として学校の教育活動全体を通じて行う道徳教育の内容は，第3章特別の教科道徳の第2に示す内容とし，その実施に当たっては，第6に示す道徳教育に関する配慮事項を踏まえるものとする。

(2) 授業時数等の取扱い

ア 各教科等の授業は，年間35週以上にわたって行うよう計画し，週当たりの授業時数が生徒の負担過重にならないようにするものとする。ただし，各教科等や学習活動の特質に応じ効果的な場合には，夏季，冬季，学年末等の休業日の期間に授業日を設定する場合を含め，これらの授業を特定の期間に行うことができる。

イ 特別活動の授業のうち，生徒会活動及び学校行事については，それらの内容に応じ，年間，学期ごと，月ごとなどに適切な授業時数を充てるものとする。

ウ 各学校の時間割については，次の事項を踏まえ適切に編成するものとする。

(ｱ) 各教科等のそれぞれの授業の1単位時間は，各学校において，各教科等の年間授業時数を確保しつつ，生徒の発達の段階及び各教科等や学習活動の特質を考慮して適切に定めること。

(ｲ) 各教科等の特質に応じ，10分から15分程度の短い時間を活用して特定の教科等の指導を行う場合において，当該教科等を担当する教師が，単元や題材など内容や時間のまとまりを見通した中で，その指導内容の決定や指導の成果の把握と活用等を責任をもって行う体制が整備されているときは，その時間を当該教科等

付録2

　　　　　の年間授業時数に含めることができること。
　　　　(ウ) 給食，休憩などの時間については，各学校において工夫を加え，適切に定めること。
　　　　(エ) 各学校において，生徒や学校，地域の実態，各教科等や学習活動の特質等に応じて，創意工夫を生かした時間割を弾力的に編成できること。
　　エ　総合的な学習の時間における学習活動により，特別活動の学校行事に掲げる各行事の実施と同様の成果が期待できる場合においては，総合的な学習の時間における学習活動をもって相当する特別活動の学校行事に掲げる各行事の実施に替えることができる。
　(3) 指導計画の作成等に当たっての配慮事項
　　　各学校においては，次の事項に配慮しながら，学校の創意工夫を生かし，全体として，調和のとれた具体的な指導計画を作成するものとする。
　　ア　各教科等の指導内容については，(1)のアを踏まえつつ，単元や題材など内容や時間のまとまりを見通しながら，そのまとめ方や重点の置き方に適切な工夫を加え，第3の1に示す主体的・対話的で深い学びの実現に向けた授業改善を通して資質・能力を育む効果的な指導ができるようにすること。
　　イ　各教科等及び各学年相互間の関連を図り，系統的，発展的な指導ができるようにすること。
4　学校段階等間の接続
　　教育課程の編成に当たっては，次の事項に配慮しながら，学校段階等間の接続を図るものとする。
　(1) 小学校学習指導要領を踏まえ，小学校教育までの学習の成果が中学校教育に円滑に接続され，義務教育段階の終わりまでに育成することを目指す資質・能力を，生徒が確実に身に付けることができるよう工夫すること。特に，義務教育学校，小学校連携型中学校及び小学校併設型中学校においては，義務教育9年間を見通した計画的かつ継続的な教育課程を編成すること。
　(2) 高等学校学習指導要領を踏まえ，高等学校教育及びその後の教育との円滑な接続が図られるよう工夫すること。特に，中等教育学校，連携型中学校及び併設型中学校においては，中等教育6年間を見通した計画的かつ継続的な教育課程を編成すること。

● 第3　教育課程の実施と学習評価

1　主体的・対話的で深い学びの実現に向けた授業改善
　　各教科等の指導に当たっては，次の事項に配慮するものとする。
　(1) 第1の3の(1)から(3)までに示すことが偏りなく実現されるよう，単元や題材など内容や時間のまとまりを見通しながら，生徒の主体的・対話的で深い学びの実現に向けた授業改善を行うこと。
　　　特に，各教科等において身に付けた知識及び技能を活用したり，思考力，判断力，表現力等や学びに向かう力，人間性等を発揮させたりして，学習の対象となる物事を捉え思考することにより，各教科等の特質に応じた物事を捉える視点や考え方（以下

「見方・考え方」という。）が鍛えられていくことに留意し，生徒が各教科等の特質に応じた見方・考え方を働かせながら，知識を相互に関連付けてより深く理解したり，情報を精査して考えを形成したり，問題を見いだして解決策を考えたり，思いや考えを基に創造したりすることに向かう過程を重視した学習の充実を図ること。

(2) 第2の2の(1)に示す言語能力の育成を図るため，各学校において必要な言語環境を整えるとともに，国語科を要としつつ各教科等の特質に応じて，生徒の言語活動を充実すること。あわせて，(7)に示すとおり読書活動を充実すること。

(3) 第2の2の(1)に示す情報活用能力の育成を図るため，各学校において，コンピュータや情報通信ネットワークなどの情報手段を活用するために必要な環境を整え，これらを適切に活用した学習活動の充実を図ること。また，各種の統計資料や新聞，視聴覚教材や教育機器などの教材・教具の適切な活用を図ること。

(4) 生徒が学習の見通しを立てたり学習したことを振り返ったりする活動を，計画的に取り入れるように工夫すること。

(5) 生徒が生命の有限性や自然の大切さ，主体的に挑戦してみることや多様な他者と協働することの重要性などを実感しながら理解することができるよう，各教科等の特質に応じた体験活動を重視し，家庭や地域社会と連携しつつ体系的・継続的に実施できるよう工夫すること。

(6) 生徒が自ら学習課題や学習活動を選択する機会を設けるなど，生徒の興味・関心を生かした自主的，自発的な学習が促されるよう工夫すること。

(7) 学校図書館を計画的に利用しその機能の活用を図り，生徒の主体的・対話的で深い学びの実現に向けた授業改善に生かすとともに，生徒の自主的，自発的な学習活動や読書活動を充実すること。また，地域の図書館や博物館，美術館，劇場，音楽堂等の施設の活用を積極的に図り，資料を活用した情報の収集や鑑賞等の学習活動を充実すること。

2 学習評価の充実

学習評価の実施に当たっては，次の事項に配慮するものとする。

(1) 生徒のよい点や進歩の状況などを積極的に評価し，学習したことの意義や価値を実感できるようにすること。また，各教科等の目標の実現に向けた学習状況を把握する観点から，単元や題材など内容や時間のまとまりを見通しながら評価の場面や方法を工夫して，学習の過程や成果を評価し，指導の改善や学習意欲の向上を図り，資質・能力の育成に生かすようにすること。

(2) 創意工夫の中で学習評価の妥当性や信頼性が高められるよう，組織的かつ計画的な取組を推進するとともに，学年や学校段階を越えて生徒の学習の成果が円滑に接続されるように工夫すること。

● 第4 生徒の発達の支援

1 生徒の発達を支える指導の充実

教育課程の編成及び実施に当たっては，次の事項に配慮するものとする。

(1) 学習や生活の基盤として，教師と生徒との信頼関係及び生徒相互のよりよい人間関

付録2

係を育てるため，日頃から学級経営の充実を図ること。また，主に集団の場面で必要な指導や援助を行うガイダンスと，個々の生徒の多様な実態を踏まえ，一人一人が抱える課題に個別に対応した指導を行うカウンセリングの双方により，生徒の発達を支援すること。

(2) 生徒が，自己の存在感を実感しながら，よりよい人間関係を形成し，有意義で充実した学校生活を送る中で，現在及び将来における自己実現を図っていくことができるよう，生徒理解を深め，学習指導と関連付けながら，生徒指導の充実を図ること。

(3) 生徒が，学ぶことと自己の将来とのつながりを見通しながら，社会的・職業的自立に向けて必要な基盤となる資質・能力を身に付けていくことができるよう，特別活動を要としつつ各教科等の特質に応じて，キャリア教育の充実を図ること。その中で，生徒が自らの生き方を考え主体的に進路を選択することができるよう，学校の教育活動全体を通じ，組織的かつ計画的な進路指導を行うこと。

(4) 生徒が，基礎的・基本的な知識及び技能の習得も含め，学習内容を確実に身に付けることができるよう，生徒や学校の実態に応じ，個別学習やグループ別学習，繰り返し学習，学習内容の習熟の程度に応じた学習，生徒の興味・関心等に応じた課題学習，補充的な学習や発展的な学習などの学習活動を取り入れることや，教師間の協力による指導体制を確保することなど，指導方法や指導体制の工夫改善により，個に応じた指導の充実を図ること。その際，第3の1の(3)に示す情報手段や教材・教具の活用を図ること。

2 特別な配慮を必要とする生徒への指導
 (1) 障害のある生徒などへの指導
  ア 障害のある生徒などについては，特別支援学校等の助言又は援助を活用しつつ，個々の生徒の障害の状態等に応じた指導内容や指導方法の工夫を組織的かつ計画的に行うものとする。
  イ 特別支援学級において実施する特別の教育課程については，次のとおり編成するものとする。
   (ｱ) 障害による学習上又は生活上の困難を克服し自立を図るため，特別支援学校小学部・中学部学習指導要領第7章に示す自立活動を取り入れること。
   (ｲ) 生徒の障害の程度や学級の実態等を考慮の上，各教科の目標や内容を下学年の教科の目標や内容に替えたり，各教科を，知的障害者である生徒に対する教育を行う特別支援学校の各教科に替えたりするなどして，実態に応じた教育課程を編成すること。
  ウ 障害のある生徒に対して，通級による指導を行い，特別の教育課程を編成する場合には，特別支援学校小学部・中学部学習指導要領第7章に示す自立活動の内容を参考とし，具体的な目標や内容を定め，指導を行うものとする。その際，効果的な指導が行われるよう，各教科等と通級による指導との関連を図るなど，教師間の連携に努めるものとする。
  エ 障害のある生徒などについては，家庭，地域及び医療や福祉，保健，労働等の業務を行う関係機関との連携を図り，長期的な視点で生徒への教育的支援を行うために，個別の教育支援計画を作成し活用することに努めるとともに，各教科等の指導

に当たって，個々の生徒の実態を的確に把握し，個別の指導計画を作成し活用することに努めるものとする。特に，特別支援学級に在籍する生徒や通級による指導を受ける生徒については，個々の生徒の実態を的確に把握し，個別の教育支援計画や個別の指導計画を作成し，効果的に活用するものとする。

(2) 海外から帰国した生徒などの学校生活への適応や，日本語の習得に困難のある生徒に対する日本語指導

ア 海外から帰国した生徒などについては，学校生活への適応を図るとともに，外国における生活経験を生かすなどの適切な指導を行うものとする。

イ 日本語の習得に困難のある生徒については，個々の生徒の実態に応じた指導内容や指導方法の工夫を組織的かつ計画的に行うものとする。特に，通級による日本語指導については，教師間の連携に努め，指導についての計画を個別に作成することなどにより，効果的な指導に努めるものとする。

(3) 不登校生徒への配慮

ア 不登校生徒については，保護者や関係機関と連携を図り，心理や福祉の専門家の助言又は援助を得ながら，社会的自立を目指す観点から，個々の生徒の実態に応じた情報の提供その他の必要な支援を行うものとする。

イ 相当の期間中学校を欠席し引き続き欠席すると認められる生徒を対象として，文部科学大臣が認める特別の教育課程を編成する場合には，生徒の実態に配慮した教育課程を編成するとともに，個別学習やグループ別学習など指導方法や指導体制の工夫改善に努めるものとする。

(4) 学齢を経過した者への配慮

ア 夜間その他の特別の時間に授業を行う課程において学齢を経過した者を対象として特別の教育課程を編成する場合には，学齢を経過した者の年齢，経験又は勤労状況その他の実情を踏まえ，中学校教育の目的及び目標並びに第2章以下に示す各教科等の目標に照らして，中学校教育を通じて育成を目指す資質・能力を身に付けることができるようにするものとする。

イ 学齢を経過した者を教育する場合には，個別学習やグループ別学習など指導方法や指導体制の工夫改善に努めるものとする。

● 第5 学校運営上の留意事項

1 教育課程の改善と学校評価，教育課程外の活動との連携等

ア 各学校においては，校長の方針の下に，校務分掌に基づき教職員が適切に役割を分担しつつ，相互に連携しながら，各学校の特色を生かしたカリキュラム・マネジメントを行うよう努めるものとする。また，各学校が行う学校評価については，教育課程の編成，実施，改善が教育活動や学校運営の中核となることを踏まえ，カリキュラム・マネジメントと関連付けながら実施するよう留意するものとする。

イ 教育課程の編成及び実施に当たっては，学校保健計画，学校安全計画，食に関する指導の全体計画，いじめの防止等のための対策に関する基本的な方針など，各分野における学校の全体計画等と関連付けながら，効果的な指導が行われるように留

付録2

　　　　意するものとする。
　　　ウ　教育課程外の学校教育活動と教育課程の関連が図られるように留意するものとする。特に，生徒の自主的，自発的な参加により行われる部活動については，スポーツや文化，科学等に親しませ，学習意欲の向上や責任感，連帯感の涵養等，学校教育が目指す資質・能力の育成に資するものであり，学校教育の一環として，教育課程との関連が図られるよう留意すること。その際，学校や地域の実態に応じ，地域の人々の協力，社会教育施設や社会教育関係団体等の各種団体との連携などの運営上の工夫を行い，持続可能な運営体制が整えられるようにするものとする。
　2　家庭や地域社会との連携及び協働と学校間の連携
　　教育課程の編成及び実施に当たっては，次の事項に配慮するものとする。
　　　ア　学校がその目的を達成するため，学校や地域の実態等に応じ，教育活動の実施に必要な人的又は物的な体制を家庭や地域の人々の協力を得ながら整えるなど，家庭や地域社会との連携及び協働を深めること。また，高齢者や異年齢の子供など，地域における世代を越えた交流の機会を設けること。
　　　イ　他の中学校や，幼稚園，認定こども園，保育所，小学校，高等学校，特別支援学校などとの間の連携や交流を図るとともに，障害のある幼児児童生徒との交流及び共同学習の機会を設け，共に尊重し合いながら協働して生活していく態度を育むようにすること。

● 第6　道徳教育に関する配慮事項

　道徳教育を進めるに当たっては，道徳教育の特質を踏まえ，前項までに示す事項に加え，次の事項に配慮するものとする。
1　各学校においては，第1の2の(2)に示す道徳教育の目標を踏まえ，道徳教育の全体計画を作成し，校長の方針の下に，道徳教育の推進を主に担当する教師（以下「道徳教育推進教師」という。）を中心に，全教師が協力して道徳教育を展開すること。なお，道徳教育の全体計画の作成に当たっては，生徒や学校，地域の実態を考慮して，学校の道徳教育の重点目標を設定するとともに，道徳科の指導方針，第3章特別の教科道徳の第2に示す内容との関連を踏まえた各教科，総合的な学習の時間及び特別活動における指導の内容及び時期並びに家庭や地域社会との連携の方法を示すこと。
2　各学校においては，生徒の発達の段階や特性等を踏まえ，指導内容の重点化を図ること。その際，小学校における道徳教育の指導内容を更に発展させ，自立心や自律性を高め，規律ある生活をすること，生命を尊重する心や自らの弱さを克服して気高く生きようとする心を育てること，法やきまりの意義に関する理解を深めること，自らの将来の生き方を考え主体的に社会の形成に参画する意欲と態度を養うこと，伝統と文化を尊重し，それらを育んできた我が国と郷土を愛するとともに，他国を尊重すること，国際社会に生きる日本人としての自覚を身に付けることに留意すること。
3　学校や学級内の人間関係や環境を整えるとともに，職場体験活動やボランティア活動，自然体験活動，地域の行事への参加などの豊かな体験を充実すること。また，道徳教育の指導内容が，生徒の日常生活に生かされるようにすること。その際，いじめの防止や

安全の確保等にも資することとなるよう留意すること。
4 学校の道徳教育の全体計画や道徳教育に関する諸活動などの情報を積極的に公表したり,道徳教育の充実のために家庭や地域の人々の積極的な参加や協力を得たりするなど,家庭や地域社会との共通理解を深め,相互の連携を図ること。

付録2

中学校学習指導要領　第3章　特別の教科　道徳

● 第1　目標

第1章総則の第1の2の(2)に示す道徳教育の目標に基づき，よりよく生きるための基盤となる道徳性を養うため，道徳的諸価値についての理解を基に，自己を見つめ，物事を広い視野から多面的・多角的に考え，人間としての生き方についての考えを深める学習を通して，道徳的な判断力，心情，実践意欲と態度を育てる。

● 第2　内容

学校の教育活動全体を通じて行う道徳教育の要である道徳科においては，以下に示す項目について扱う。

A　主として自分自身に関すること

[自主，自律，自由と責任]
　　自律の精神を重んじ，自主的に考え，判断し，誠実に実行してその結果に責任をもつこと。

[節度，節制]
　　望ましい生活習慣を身に付け，心身の健康の増進を図り，節度を守り節制に心掛け，安全で調和のある生活をすること。

[向上心，個性の伸長]
　　自己を見つめ，自己の向上を図るとともに，個性を伸ばして充実した生き方を追求すること。

[希望と勇気，克己と強い意志]
　　より高い目標を設定し，その達成を目指し，希望と勇気をもち，困難や失敗を乗り越えて着実にやり遂げること。

[真理の探究，創造]
　　真実を大切にし，真理を探究して新しいものを生み出そうと努めること。

B　主として人との関わりに関すること

[思いやり，感謝]
　　思いやりの心をもって人と接するとともに，家族などの支えや多くの人々の善意により日々の生活や現在の自分があることに感謝し，進んでそれに応え，人間愛の精神を深めること。

[礼儀]
　　礼儀の意義を理解し，時と場に応じた適切な言動をとること。

[友情，信頼]
　　友情の尊さを理解して心から信頼できる友達をもち，互いに励まし合い，高め合うとともに，異性についての理解を深め，悩みや葛藤も経験しながら人間関係を深めていくこと。

[相互理解，寛容]
　　自分の考えや意見を相手に伝えるとともに，それぞれの個性や立場を尊重し，いろいろなものの見方や考え方があることを理解し，寛容の心をもって謙虚に他に学び，自らを高めていくこと。

C　主として集団や社会との関わりに関すること

[遵法精神，公徳心]

法やきまりの意義を理解し，それらを進んで守るとともに，そのよりよい在り方について考え，自他の権利を大切にし，義務を果たして，規律ある安定した社会の実現に努めること。
[公正，公平，社会正義]
　　正義と公正さを重んじ，誰に対しても公平に接し，差別や偏見のない社会の実現に努めること。
[社会参画，公共の精神]
　　社会参画の意識と社会連帯の自覚を高め，公共の精神をもってよりよい社会の実現に努めること。
[勤労]
　　勤労の尊さや意義を理解し，将来の生き方について考えを深め，勤労を通じて社会に貢献すること。
[家族愛，家庭生活の充実]
　　父母，祖父母を敬愛し，家族の一員としての自覚をもって充実した家庭生活を築くこと。
[よりよい学校生活，集団生活の充実]
　　教師や学校の人々を敬愛し，学級や学校の一員としての自覚をもち，協力し合ってよりよい校風をつくるとともに，様々な集団の意義や集団の中での自分の役割と責任を自覚して集団生活の充実に努めること。
[郷土の伝統と文化の尊重，郷土を愛する態度]
　　郷土の伝統と文化を大切にし，社会に尽くした先人や高齢者に尊敬の念を深め，地域社会の一員としての自覚をもって郷土を愛し，進んで郷土の発展に努めること。
[我が国の伝統と文化の尊重，国を愛する態度]
　　優れた伝統の継承と新しい文化の創造に貢献するとともに，日本人としての自覚をもって国を愛し，国家及び社会の形成者として，その発展に努めること。
[国際理解，国際貢献]
　　世界の中の日本人としての自覚をもち，他国を尊重し，国際的視野に立って，世界の平和と人類の発展に寄与すること。

D　主として生命や自然，崇高なものとの関わりに関すること
[生命の尊さ]
　　生命の尊さについて，その連続性や有限性なども含めて理解し，かけがえのない生命を尊重すること。
[自然愛護]
　　自然の崇高さを知り，自然環境を大切にすることの意義を理解し，進んで自然の愛護に努めること。
[感動，畏敬の念]
　　美しいものや気高いものに感動する心をもち，人間の力を超えたものに対する畏敬の念を深めること。
[よりよく生きる喜び]
　　人間には自らの弱さや醜さを克服する強さや気高く生きようとする心があることを理解し，人間として生きることに喜びを見いだすこと。

● 第3　指導計画の作成と内容の取扱い

1　各学校においては，道徳教育の全体計画に基づき，各教科，総合的な学習の時間及び特別活動との関連を考慮しながら，道徳科の年間指導計画を作成するものとする。なお，作成に

当たっては，第2に示す内容項目について，各学年において全て取り上げることとする。その際，生徒や学校の実態に応じ，3学年間を見通した重点的な指導や内容項目間の関連を密にした指導，一つの内容項目を複数の時間で扱う指導を取り入れるなどの工夫を行うものとする。

2 第2の内容の指導に当たっては，次の事項に配慮するものとする。

(1) 学級担任の教師が行うことを原則とするが，校長や教頭などの参加，他の教師との協力的な指導などについて工夫し，道徳教育推進教師を中心とした指導体制を充実すること。

(2) 道徳科が学校の教育活動全体を通じて行う道徳教育の要としての役割を果たすことができるよう，計画的・発展的な指導を行うこと。特に，各教科，総合的な学習の時間及び特別活動における道徳教育としては取り扱う機会が十分でない内容項目に関わる指導を補うことや，生徒や学校の実態等を踏まえて指導をより一層深めること，内容項目の相互の関連を捉え直したり発展させたりすることに留意すること。

(3) 生徒が自ら道徳性を養う中で，自らを振り返って成長を実感したり，これからの課題や目標を見付けたりすることができるよう工夫すること。その際，道徳性を養うことの意義について，生徒自らが考え，理解し，主体的に学習に取り組むことができるようにすること。また，発達の段階を考慮し，人間としての弱さを認めながら，それを乗り越えてよりよく生きようとすることのよさについて，教師が生徒と共に考える姿勢を大切にすること。

(4) 生徒が多様な感じ方や考え方に接する中で，考えを深め，判断し，表現する力などを育むことができるよう，自分の考えを基に討論したり書いたりするなどの言語活動を充実すること。その際，様々な価値観について多面的・多角的な視点から振り返って考える機会を設けるとともに，生徒が多様な見方や考え方に接しながら，更に新しい見方や考え方を生み出していくことができるよう留意すること。

(5) 生徒の発達の段階や特性等を考慮し，指導のねらいに即して，問題解決的な学習，道徳的行為に関する体験的な学習等を適切に取り入れるなど，指導方法を工夫すること。その際，それらの活動を通じて学んだ内容の意義などについて考えることができるようにすること。また，特別活動等における多様な実践活動や体験活動も道徳科の授業に生かすようにすること。

(6) 生徒の発達の段階や特性等を考慮し，第2に示す内容との関連を踏まえつつ，情報モラルに関する指導を充実すること。また，例えば，科学技術の発展と生命倫理との関係や社会の持続可能な発展などの現代的な課題の取扱いにも留意し，身近な社会的課題を自分との関係において考え，その解決に向けて取り組もうとする意欲や態度を育てるよう努めること。なお，多様な見方や考え方のできる事柄について，特定の見方や考え方に偏った指導を行うことのないようにすること。

(7) 道徳科の授業を公開したり，授業の実施や地域教材の開発や活用などに家庭や地域の人々，各分野の専門家等の積極的な参加や協力を得たりするなど，家庭や地域社会との共通理解を深め，相互の連携を図ること。

3 教材については，次の事項に留意するものとする。

(1) 生徒の発達の段階や特性，地域の実情等を考慮し，多様な教材の活用に努めること。特に，生命の尊厳，社会参画，自然，伝統と文化，先人の伝記，スポーツ，情報化への対応等の現代的な課題などを題材とし，生徒が問題意識をもって多面的・多角的に考えたり，感動を覚えたりするような充実した教材の開発や活用を行うこと。

(2) 教材については，教育基本法や学校教育法その他の法令に従い，次の観点に照らし適切と判断されるものであること。

ア 生徒の発達の段階に即し，ねらいを達成するのにふさわしいものであること。

イ　人間尊重の精神にかなうものであって，悩みや葛藤等の心の揺れ，人間関係の理解等の課題も含め，生徒が深く考えることができ，人間としてよりよく生きる喜びや勇気を与えられるものであること。
　ウ　多様な見方や考え方のできる事柄を取り扱う場合には，特定の見方や考え方に偏った取扱いがなされていないものであること。
4　生徒の学習状況や道徳性に係る成長の様子を継続的に把握し，指導に生かすよう努める必要がある。ただし，数値などによる評価は行わないものとする。

付録3

小学校学習指導要領　第3章　特別の教科　道徳

● 第1　目標

第1章総則の第1の2の(2)に示す道徳教育の目標に基づき，よりよく生きるための基盤となる道徳性を養うため，道徳的諸価値についての理解を基に，自己を見つめ，物事を多面的・多角的に考え，自己の生き方についての考えを深める学習を通して，道徳的な判断力，心情，実践意欲と態度を育てる。

● 第2　内容

学校の教育活動全体を通じて行う道徳教育の要である道徳科においては，以下に示す項目について扱う。

A　主として自分自身に関すること

［善悪の判断，自律，自由と責任］
　〔第1学年及び第2学年〕
　　　よいことと悪いこととの区別をし，よいと思うことを進んで行うこと。
　〔第3学年及び第4学年〕
　　　正しいと判断したことは，自信をもって行うこと。
　〔第5学年及び第6学年〕
　　　自由を大切にし，自律的に判断し，責任のある行動をすること。

［正直，誠実］
　〔第1学年及び第2学年〕
　　　うそをついたりごまかしをしたりしないで，素直に伸び伸びと生活すること。
　〔第3学年及び第4学年〕
　　　過ちは素直に改め，正直に明るい心で生活すること。
　〔第5学年及び第6学年〕
　　　誠実に，明るい心で生活すること。

［節度，節制］
　〔第1学年及び第2学年〕
　　　健康や安全に気を付け，物や金銭を大切にし，身の回りを整え，わがままをしないで，規則正しい生活をすること。
　〔第3学年及び第4学年〕
　　　自分でできることは自分でやり，安全に気を付け，よく考えて自分の特徴に気付くこと。
　〔第5学年及び第6学年〕
　　　安全に気を付けることや，生活習慣の大切さについて理解し，自分の生活を見直し，節度を守り節制に心掛けること。

［個性の伸長］
　〔第1学年及び第2学年〕
　　　自分の特徴に気付くこと。
　〔第3学年及び第4学年〕
　　　自分の特徴に気付き，長所を伸ばすこと。

〔第5学年及び第6学年〕
　　　自分の特徴を知って，短所を改め長所を伸ばすこと。
［希望と勇気，努力と強い意志］
　〔第1学年及び第2学年〕
　　　自分のやるべき勉強や仕事をしっかりと行うこと。
　〔第3学年及び第4学年〕
　　　自分でやろうと決めた目標に向かって，強い意志をもち，粘り強くやり抜くこと。
　〔第5学年及び第6学年〕
　　　より高い目標を立て，希望と勇気をもち，困難があってもくじけずに努力して物事をやり抜くこと。
［真理の探究］
　〔第5学年及び第6学年〕
　　　真理を大切にし，物事を探究しようとする心をもつこと。

B　主として人との関わりに関すること

［親切，思いやり］
　〔第1学年及び第2学年〕
　　　身近にいる人に温かい心で接し，親切にすること。
　〔第3学年及び第4学年〕
　　　相手のことを思いやり，進んで親切にすること。
　〔第5学年及び第6学年〕
　　　誰に対しても思いやりの心をもち，相手の立場に立って親切にすること。
［感謝］
　〔第1学年及び第2学年〕
　　　家族など日頃世話になっている人々に感謝すること。
　〔第3学年及び第4学年〕
　　　家族など生活を支えてくれている人々や現在の生活を築いてくれた高齢者に，尊敬と感謝の気持ちをもって接すること。
　〔第5学年及び第6学年〕
　　　日々の生活が家族や過去からの多くの人々の支え合いや助け合いで成り立っていることに感謝し，それに応えること。
［礼儀］
　〔第1学年及び第2学年〕
　　　気持ちのよい挨拶，言葉遣い，動作などに心掛けて，明るく接すること。
　〔第3学年及び第4学年〕
　　　礼儀の大切さを知り，誰に対しても真心をもって接すること。
　〔第5学年及び第6学年〕
　　　時と場をわきまえて，礼儀正しく真心をもって接すること。
［友情，信頼］
　〔第1学年及び第2学年〕
　　　友達と仲よくし，助け合うこと。
　〔第3学年及び第4学年〕
　　　友達と互いに理解し，信頼し，助け合うこと。
　〔第5学年及び第6学年〕
　　　友達と互いに信頼し，学び合って友情を深め，異性についても理解しながら，人間関係

を築いていくこと。

［相互理解，寛容］

〔第3学年及び第4学年〕

自分の考えや意見を相手に伝えるとともに，相手のことを理解し，自分と異なる意見も大切にすること。

〔第5学年及び第6学年〕

自分の考えや意見を相手に伝えるとともに，謙虚な心をもち，広い心で自分と異なる意見や立場を尊重すること。

C 主として集団や社会との関わりに関すること

［規則の尊重］

〔第1学年及び第2学年〕

約束やきまりを守り，みんなが使う物を大切にすること。

〔第3学年及び第4学年〕

約束や社会のきまりの意義を理解し，それらを守ること。

〔第5学年及び第6学年〕

法やきまりの意義を理解した上で進んでそれらを守り，自他の権利を大切にし，義務を果たすこと。

［公正，公平，社会正義］

〔第1学年及び第2学年〕

自分の好き嫌いにとらわれないで接すること。

〔第3学年及び第4学年〕

誰に対しても分け隔てをせず，公正，公平な態度で接すること。

〔第5学年及び第6学年〕

誰に対しても差別をすることや偏見をもつことなく，公正，公平な態度で接し，正義の実現に努めること。

［勤労，公共の精神］

〔第1学年及び第2学年〕

働くことのよさを知り，みんなのために働くこと。

〔第3学年及び第4学年〕

働くことの大切さを知り，進んでみんなのために働くこと。

〔第5学年及び第6学年〕

働くことや社会に奉仕することの充実感を味わうとともに，その意義を理解し，公共のために役に立つことをすること。

［家族愛，家庭生活の充実］

〔第1学年及び第2学年〕

父母，祖父母を敬愛し，進んで家の手伝いなどをして，家族の役に立つこと。

〔第3学年及び第4学年〕

父母，祖父母を敬愛し，家族みんなで協力し合って楽しい家庭をつくること。

〔第5学年及び第6学年〕

父母，祖父母を敬愛し，家族の幸せを求めて，進んで役に立つことをすること。

［よりよい学校生活，集団生活の充実］

〔第1学年及び第2学年〕

先生を敬愛し，学校の人々に親しんで，学級や学校の生活を楽しくすること。

〔第3学年及び第4学年〕
　　先生や学校の人々を敬愛し，みんなで協力し合って楽しい学級や学校をつくること。
〔第5学年及び第6学年〕
　　先生や学校の人々を敬愛し，みんなで協力し合ってよりよい学級や学校をつくるとともに，様々な集団の中での自分の役割を自覚して集団生活の充実に努めること。

［伝統と文化の尊重，国や郷土を愛する態度］
〔第1学年及び第2学年〕
　　我が国や郷土の文化と生活に親しみ，愛着をもつこと。
〔第3学年及び第4学年〕
　　我が国や郷土の伝統と文化を大切にし，国や郷土を愛する心をもつこと。
〔第5学年及び第6学年〕
　　我が国や郷土の伝統と文化を大切にし，先人の努力を知り，国や郷土を愛する心をもつこと。

［国際理解，国際親善］
〔第1学年及び第2学年〕
　　他国の人々や文化に親しむこと。
〔第3学年及び第4学年〕
　　他国の人々や文化に親しみ，関心をもつこと。
〔第5学年及び第6学年〕
　　他国の人々や文化について理解し，日本人としての自覚をもって国際親善に努めること。

D　主として生命や自然，崇高なものとの関わりに関すること

［生命の尊さ］
〔第1学年及び第2学年〕
　　生きることのすばらしさを知り，生命を大切にすること。
〔第3学年及び第4学年〕
　　生命の尊さを知り，生命あるものを大切にすること。
〔第5学年及び第6学年〕
　　生命が多くの生命のつながりの中にあるかけがえのないものであることを理解し，生命を尊重すること。

［自然愛護］
〔第1学年及び第2学年〕
　　身近な自然に親しみ，動植物に優しい心で接すること。
〔第3学年及び第4学年〕
　　自然のすばらしさや不思議さを感じ取り，自然や動植物を大切にすること。
〔第5学年及び第6学年〕
　　自然の偉大さを知り，自然環境を大切にすること。

［感動，畏敬の念］
〔第1学年及び第2学年〕
　　美しいものに触れ，すがすがしい心をもつこと。
〔第3学年及び第4学年〕
　　美しいものや気高いものに感動する心をもつこと。
〔第5学年及び第6学年〕
　　美しいものや気高いものに感動する心や人間の力を超えたものに対する畏敬の念をもつこと。

[よりよく生きる喜び]
〔第5学年及び第6学年〕
　　　よりよく生きようとする人間の強さや気高さを理解し，人間として生きる喜びを感じること。

● 第3　指導計画の作成と内容の取扱い

1　各学校においては，道徳教育の全体計画に基づき，各教科，外国語活動，総合的な学習の時間及び特別活動との関連を考慮しながら，道徳科の年間指導計画を作成するものとする。なお，作成に当たっては，第2に示す各学年段階の内容項目について，相当する各学年において全て取り上げることとする。その際，児童や学校の実態に応じ，2学年間を見通した重点的な指導や内容項目間の関連を密にした指導，一つの内容項目を複数の時間で扱う指導を取り入れるなどの工夫を行うものとする。

2　第2の内容の指導に当たっては，次の事項に配慮するものとする。
　(1)　校長や教頭などの参加，他の教師との協力的な指導などについて工夫し，道徳教育推進教師を中心とした指導体制を充実すること。
　(2)　道徳科が学校の教育活動全体を通じて行う道徳教育の要としての役割を果たすことができるよう，計画的・発展的な指導を行うこと。特に，各教科，外国語活動，総合的な学習の時間及び特別活動における道徳教育としては取り扱う機会が十分でない内容項目に関わる指導を補うことや，児童や学校の実態等を踏まえて指導をより一層深めること，内容項目の相互の関連を捉え直したり発展させたりすることに留意すること。
　(3)　児童が自ら道徳性を養う中で，自らを振り返って成長を実感したり，これからの課題や目標を見付けたりすることができるよう工夫すること。その際，道徳性を養うことの意義について，児童自らが考え，理解し，主体的に学習に取り組むことができるようにすること。
　(4)　児童が多様な感じ方や考え方に接する中で，考えを深め，判断し，表現する力などを育むことができるよう，自分の考えを基に話し合ったり書いたりするなどの言語活動を充実すること。
　(5)　児童の発達の段階や特性等を考慮し，指導のねらいに即して，問題解決的な学習，道徳的行為に関する体験的な学習等を適切に取り入れるなど，指導方法を工夫すること。その際，それらの活動を通じて学んだ内容の意義などについて考えることができるようにすること。また，特別活動等における多様な実践活動や体験活動も道徳科の授業に生かすようにすること。
　(6)　児童の発達の段階や特性等を考慮し，第2に示す内容との関連を踏まえつつ，情報モラルに関する指導を充実すること。また，児童の発達の段階や特性等を考慮し，例えば，社会の持続可能な発展などの現代的な課題の取扱いにも留意し，身近な社会的課題を自分との関係において考え，それらの解決に寄与しようとする意欲や態度を育てるよう努めること。なお，多様な見方や考え方のできる事柄について，特定の見方や考え方に偏った指導を行うことのないようにすること。
　(7)　道徳科の授業を公開したり，授業の実施や地域教材の開発や活用などに家庭や地域の人々，各分野の専門家等の積極的な参加や協力を得たりするなど，家庭や地域社会との共通理解を深め，相互の連携を図ること。

3　教材については，次の事項に留意するものとする。
　(1)　児童の発達の段階や特性，地域の実情等を考慮し，多様な教材の活用に努めること。特

に，生命の尊厳，自然，伝統と文化，先人の伝記，スポーツ，情報化への対応等の現代的な課題などを題材とし，児童が問題意識をもって多面的・多角的に考えたり，感動を覚えたりするような充実した教材の開発や活用を行うこと。

(2) 教材については，教育基本法や学校教育法その他の法令に従い，次の観点に照らし適切と判断されるものであること。

　ア　児童の発達の段階に即し，ねらいを達成するのにふさわしいものであること。

　イ　人間尊重の精神にかなうものであって，悩みや葛藤等の心の揺れ，人間関係の理解等の課題も含め，児童が深く考えることができ，人間としてよりよく生きる喜びや勇気を与えられるものであること。

　ウ　多様な見方や考え方のできる事柄を取り扱う場合には，特定の見方や考え方に偏った取扱いがなされていないものであること。

4　児童の学習状況や道徳性に係る成長の様子を継続的に把握し，指導に生かすよう努める必要がある。ただし，数値などによる評価は行わないものとする。

中学校学習指導要領解説　総則編（抄）

第1章　総説

● 1　改訂の経緯及び基本方針

(1) 改訂の経緯

　今の子供たちやこれから誕生する子供たちが，成人して社会で活躍する頃には，我が国は厳しい挑戦の時代を迎えていると予想される。生産年齢人口の減少，グローバル化の進展や絶え間ない技術革新等により，社会構造や雇用環境は大きく，また急速に変化しており，予測が困難な時代となっている。また，急激な少子高齢化が進む中で成熟社会を迎えた我が国にあっては，一人一人が持続可能な社会の担い手として，その多様性を原動力とし，質的な豊かさを伴った個人と社会の成長につながる新たな価値を生み出していくことが期待される。

　こうした変化の一つとして，人工知能（AI）の飛躍的な進化を挙げることができる。人工知能が自ら知識を概念的に理解し，思考し始めているとも言われ，雇用の在り方や学校において獲得する知識の意味にも大きな変化をもたらすのではないかとの予測も示されている。このことは同時に，人工知能がどれだけ進化し思考できるようになったとしても，その思考の目的を与えたり，目的のよさ・正しさ・美しさを判断したりできるのは人間の最も大きな強みであるということの再認識につながっている。

　このような時代にあって，学校教育には，子供たちが様々な変化に積極的に向き合い，他者と協働して課題を解決していくことや，様々な情報を見極め知識の概念的な理解を実現し情報を再構成するなどして新たな価値につなげていくこと，複雑な状況変化の中で目的を再構築することができるようにすることが求められている。

　このことは，本来，我が国の学校教育が大切にしてきたことであるものの，教師の世代交代が進むと同時に，学校内における教師の世代間のバランスが変化し，教育に関わる様々な経験や知見をどのように継承していくかが課題となり，また，子供たちを取り巻く環境の変化により学校が抱える課題も複雑化・困難化する中で，これまでどおり学校の工夫だけにその実現を委ねることは困難になってきている。

　こうした状況を踏まえ，平成26年11月には，文部科学大臣から新しい時代にふさわしい学習指導要領等の在り方について中央教育審議会に諮問を行った。中央教育審議会においては，2年1か月にわたる審議の末，平成28年12月21日に「幼稚園，小学校，中学校，高等学校及び特別支援学校の学習指導要領等の改善及び必要な方策等について（答申）」（以下「中央教育審議会答申」という。）を示した。

　中央教育審議会答申においては，"よりよい学校教育を通じてよりよい社会を創る"という目標を学校と社会が共有し，連携・協働しながら，新しい時代に求められる資質・能力を子供たちに育む「社会に開かれた教育課程」の実現を目指し，学習指導要領等が，学校，家庭，地域の関係者が幅広く共有し活用できる「学びの地図」としての役割を果たすことができるよう，次の6点にわたってその枠組みを改善するとともに，各学校において教育課程を軸に学校教育の改善・充実の好循環を生み出す「カリキュラム・マネジメント」の実現を目指すことなどが求められた。

　① 「何ができるようになるか」（育成を目指す資質・能力）
　② 「何を学ぶか」（教科等を学ぶ意義と，教科等間・学校段階等間のつながりを踏まえた教育

課程の編成）

③ 「どのように学ぶか」（各教科等の指導計画の作成と実施，学習・指導の改善・充実）
④ 「子供一人一人の発達をどのように支援するか」（子供の発達を踏まえた指導）
⑤ 「何が身に付いたか」（学習評価の充実）
⑥ 「実施するために何が必要か」（学習指導要領等の理念を実現するために必要な方策）

これを踏まえ，平成29年3月31日に学校教育法施行規則を改正するとともに，幼稚園教育要領，小学校学習指導要領及び中学校学習指導要領を公示した。小学校学習指導要領は，平成30年4月1日から第3学年及び第4学年において外国語活動を実施する等の円滑に移行するための措置（移行措置）を実施し，令和2年4月1日から全面実施することとしている。また，中学校学習指導要領は，平成30年4月1日から移行措置を実施し，令和3年4月1日から全面実施することとしている。

(2) 改訂の基本方針

今回の改訂は中央教育審議会答申を踏まえ，次の基本方針に基づき行った。

① 今回の改訂の基本的な考え方

ア 教育基本法，学校教育法などを踏まえ，これまでの我が国の学校教育の実践や蓄積を生かし，子供たちが未来社会を切り拓くための資質・能力を一層確実に育成することを目指す。その際，子供たちに求められる資質・能力とは何かを社会と共有し，連携する「社会に開かれた教育課程」を重視すること。

イ 知識及び技能の習得と思考力，判断力，表現力等の育成のバランスを重視する平成20年改訂の学習指導要領の枠組みや教育内容を維持した上で，知識の理解の質を更に高め，確かな学力を育成すること。

ウ 先行する特別教科化など道徳教育の充実や体験活動の重視，体育・健康に関する指導の充実により，豊かな心や健やかな体を育成すること。

② 育成を目指す資質・能力の明確化

中央教育審議会答申においては，予測困難な社会の変化に主体的に関わり，感性を豊かに働かせながら，どのような未来を創っていくのか，どのように社会や人生をよりよいものにしていくのかという目的を自ら考え，自らの可能性を発揮し，よりよい社会と幸福な人生の創り手となる力を身に付けられるようにすることが重要であること，こうした力は全く新しい力ということではなく学校教育が長年その育成を目指してきた「生きる力」であることを改めて捉え直し，学校教育がしっかりとその強みを発揮できるようにしていくことが必要とされた。また，汎用的な能力の育成を重視する世界的な潮流を踏まえつつ，知識及び技能と思考力，判断力，表現力等をバランスよく育成してきた我が国の学校教育の蓄積を生かしていくことが重要とされた。

このため「生きる力」をより具体化し，教育課程全体を通して育成を目指す資質・能力を，ア「何を理解しているか，何ができるか（生きて働く「知識・技能」の習得）」，イ「理解していること・できることをどう使うか（未知の状況にも対応できる「思考力・判断力・表現力等」の育成）」，ウ「どのように社会・世界と関わり，よりよい人生を送るか（学びを人生や社会に生かそうとする「学びに向かう力・人間性等」の涵養）」の三つの柱に整理するとともに，各教科等の目標や内容についても，この三つの柱に基づく再整理を図るよう提言がなされた。

今回の改訂では，知・徳・体にわたる「生きる力」を子供たちに育むために「何のために学ぶのか」という各教科等を学ぶ意義を共有しながら，授業の創意工夫や教科書等の教材の

付録5

改善を引き出していくことができるようにするため,全ての教科等の目標及び内容を「知識及び技能」,「思考力,判断力,表現力等」,「学びに向かう力,人間性等」の三つの柱で再整理した。

③ 「主体的・対話的で深い学び」の実現に向けた授業改善の推進

子供たちが,学習内容を人生や社会の在り方と結び付けて深く理解し,これからの時代に求められる資質・能力を身に付け,生涯にわたって能動的に学び続けることができるようにするためには,これまでの学校教育の蓄積を生かし,学習の質を一層高める授業改善の取組を活性化していくことが必要であり,我が国の優れた教育実践に見られる普遍的な視点である「主体的・対話的で深い学び」の実現に向けた授業改善(アクティブ・ラーニングの視点に立った授業改善)を推進することが求められる。

今回の改訂では「主体的・対話的で深い学び」の実現に向けた授業改善を進める際の指導上の配慮事項を総則に記載するとともに,各教科等の「第3 指導計画の作成と内容の取扱い」において,単元や題材など内容や時間のまとまりを見通して,その中で育む資質・能力の育成に向けて,「主体的・対話的で深い学び」の実現に向けた授業改善を進めることを示した。

その際,以下の6点に留意して取り組むことが重要である。

ア 児童生徒に求められる資質・能力を育成することを目指した授業改善の取組は,既に小・中学校を中心に多くの実践が積み重ねられており,特に義務教育段階はこれまで地道に取り組まれ蓄積されてきた実践を否定し,全く異なる指導方法を導入しなければならないと捉える必要はないこと。

イ 授業の方法や技術の改善のみを意図するものではなく,児童生徒に目指す資質・能力を育むために「主体的な学び」,「対話的な学び」,「深い学び」の視点で,授業改善を進めるものであること。

ウ 各教科等において通常行われている学習活動(言語活動,観察・実験,問題解決的な学習など)の質を向上させることを主眼とするものであること。

エ 1回1回の授業で全ての学びが実現されるものではなく,単元や題材など内容や時間のまとまりの中で,学習を見通し振り返る場面をどこに設定するか,グループなどで対話する場面をどこに設定するか,児童生徒が考える場面と教師が教える場面をどのように組み立てるかを考え,実現を図っていくものであること。

オ 深い学びの鍵として「見方・考え方」を働かせることが重要になること。各教科等の「見方・考え方」は,「どのような視点で物事を捉え,どのような考え方で思考していくのか」というその教科等ならではの物事を捉える視点や考え方である。各教科等を学ぶ本質的な意義の中核をなすものであり,教科等の学習と社会をつなぐものであることから,児童生徒が学習や人生において「見方・考え方」を自在に働かせることができるようにすることにこそ,教師の専門性が発揮されることが求められること。

カ 基礎的・基本的な知識及び技能の習得に課題がある場合には,その確実な習得を図ることを重視すること。

④ 各学校におけるカリキュラム・マネジメントの推進

各学校においては,教科等の目標や内容を見通し,特に学習の基盤となる資質・能力(言語能力,情報活用能力(情報モラルを含む。以下同じ。),問題発見・解決能力等)や現代的な諸課題に対応して求められる資質・能力の育成のためには,教科等横断的な学習を充実することや,「主体的・対話的で深い学び」の実現に向けた授業改善を,単元や題材など内容

や時間のまとまりを見通して行うことが求められる。これらの取組の実現のためには，学校全体として，児童生徒や学校，地域の実態を適切に把握し，教育内容や時間の配分，必要な人的・物的体制の確保，教育課程の実施状況に基づく改善などを通して，教育活動の質を向上させ，学習の効果の最大化を図るカリキュラム・マネジメントに努めることが求められる。

このため総則において，「生徒や学校，地域の実態を適切に把握し，教育の目的や目標の実現に必要な教育の内容等を教科等横断的な視点で組み立てていくこと，教育課程の実施状況を評価してその改善を図っていくこと，教育課程の実施に必要な人的又は物的な体制を確保するとともにその改善を図っていくことなどを通して，教育課程に基づき組織的かつ計画的に各学校の教育活動の質の向上を図っていくこと（以下「カリキュラム・マネジメント」という。）に努める」ことについて新たに示した。

⑤ 教育内容の主な改善事項

このほか，言語能力の確実な育成，理数教育の充実，伝統や文化に関する教育の充実，体験活動の充実，外国語教育の充実などについて総則や各教科等において，その特質に応じて内容やその取扱いの充実を図った。

2 改訂の要点

(1) 学校教育法施行規則について

学校教育法施行規則では，教育課程編成の基本的な要素である各教科等の種類や授業時数，合科的な指導等について規定している。今回は，中学校に関するこれらの規定について，改正は行っていない。

(2) 前文の趣旨及び要点

学習指導要領等は，時代の変化や子供たちの状況，社会の要請等を踏まえ，これまでおおよそ10年ごとに改訂してきた。今回の改訂は，前述1(2)で述べた基本方針の下に行っているが，その理念を明確にし，社会で広く共有されるよう新たに前文を設け，次の事項を示した。

① 教育基本法に規定する教育の目的や目標の明記とこれからの学校に求められること

学習指導要領は，教育基本法に定める教育の目的や目標の達成のため，学校教育法に基づき国が定める教育課程の基準であり，いわば学校教育の「不易」として，平成18年の教育基本法の改正により明確になった教育の目的及び目標を明記した。

また，これからの学校には，急速な社会の変化の中で，一人一人の生徒が自分のよさや可能性を認識できる自己肯定感を育むなど，持続可能な社会の創り手となることができるようにすることが求められることを明記した。

② 「社会に開かれた教育課程」の実現を目指すこと

教育課程を通して，これからの時代に求められる教育を実現していくためには，よりよい学校教育を通してよりよい社会を創るという理念を学校と社会とが共有することが求められる。

そのため，それぞれの学校において，必要な学習内容をどのように学び，どのような資質・能力を身に付けられるようにするのかを教育課程において明確にしながら，社会との連携及び協働によりその実現を図っていく，「社会に開かれた教育課程」の実現が重要となることを示した。

付録5

③ 学習指導要領を踏まえた創意工夫に基づく教育活動の充実

学習指導要領は，公の性質を有する学校における教育水準を全国的に確保することを目的に，教育課程の基準を大綱的に定めるものであり，それぞれの学校は，学習指導要領を踏まえ，各学校の特色を生かして創意工夫を重ね，長年にわたり積み重ねられてきた教育実践や学術研究の蓄積を生かしながら，生徒や地域の現状や課題を捉え，家庭や地域社会と協力して，教育活動の更なる充実を図っていくことが重要であることを示した。

(3) 総則改正の要点

総則については，今回の改訂の趣旨が教育課程の編成や実施に生かされるようにする観点から，①資質・能力の育成を目指す「主体的・対話的で深い学び」の実現に向けた授業改善を進める，②カリキュラム・マネジメントの充実，③生徒の発達の支援，家庭や地域との連携・協働を重視するなどの改善を行った。

① 資質・能力の育成を目指す「主体的・対話的で深い学び」
- 学校教育を通して育成を目指す資質・能力を「知識及び技能」，「思考力，判断力，表現力等」，「学びに向かう力，人間性等」に再整理し，それらがバランスよく育まれるよう改善した。
- 言語能力，情報活用能力，問題発見・解決能力等の学習の基盤となる資質・能力や，現代的な諸課題に対応して求められる資質・能力を教科等横断的な視点に基づき育成されるよう改善した。
- 資質・能力の育成を目指し，「主体的・対話的で深い学び」の実現に向けた授業改善が推進されるよう改善した。
- 言語活動や体験活動，ＩＣＴ等を活用した学習活動等を充実するよう改善した。

② カリキュラム・マネジメントの充実
- カリキュラム・マネジメントの実践により，校内研修の充実等が図られるよう，章立てを改善した。
- 生徒の実態等を踏まえて教育の内容や時間を配分し，授業改善や必要な人的・物的資源の確保などの創意工夫を行い，組織的・計画的な教育の質的向上を図るカリキュラム・マネジメントを推進するよう改善した。

③ 生徒の発達の支援，家庭や地域との連携・協働
- 生徒一人一人の発達を支える視点から，学級経営や生徒指導，キャリア教育の充実について示した。
- 障害のある生徒や海外から帰国した生徒，日本語の習得に困難のある生徒，不登校の生徒，学齢を超過した者など，特別な配慮を必要とする生徒への指導と教育課程の関係について示した。
- 教育課程外の学校教育活動である部活動について，教育課程との関連が図られるようにするとともに，持続可能な運営体制が整えられるようにすることを示した。
- 教育課程の実施に当たり，家庭や地域と連携・協働していくことを示した。

3 道徳の特別の教科化に係る一部改正

(1) 一部改正の経緯

我が国の教育は，教育基本法第１条に示されているとおり「人格の完成を目指し，平和で民

主的な国家及び社会の形成者として必要な資質を備えた心身ともに健康な国民の育成を期して行われ」るものである。人格の完成及び国民の育成の基盤となるのが道徳性であり，その道徳性を養うことが道徳教育の使命である。しかし，道徳教育を巡っては，歴史的経緯に影響され，いまだに道徳教育そのものを忌避しがちな風潮があること，他教科等に比べて軽んじられていること，読み物の登場人物の心情理解のみに偏った形式的な指導が行われる例があることなど，これまで多くの課題が指摘されてきた。

また，いじめの問題に起因して，子供の心身の発達に重大な支障が生じる事案や，尊い命が絶たれるといった痛ましい事案まで生じており，いじめを早い段階で発見し，その芽を摘み取り，全ての子供を救うことが喫緊の課題となっている。

このような現状の下，内閣に設置された教育再生実行会議は，平成25年2月の第一次提言において，いじめの問題等への対応をまとめた。その中では，いじめの問題が深刻な状況にある今こそ，制度の改革だけでなく，本質的な問題解決に向かって歩み出すことが必要であり，心と体の調和の取れた人間の育成の観点から，道徳教育の重要性を改めて認識し，その抜本的な充実を図るとともに，新たな枠組みによって教科化することが提言された。

本提言等を踏まえ，文部科学省においては「道徳教育の充実に関する懇談会」を設置し，道徳教育の充実方策について専門的に検討を行った。本懇談会では，道徳教育は，国や民族，時代を越えて，人が生きる上で必要なルールやマナー，社会規範などを身に付け，人としてよりよく生きることを根本で支えるとともに，国家・社会の安定的で持続可能な発展の基盤となるものであり，道徳教育の充実は，我が国の道徳教育の現状，家庭や社会の状況等を踏まえれば，いじめの問題の解決だけでなく，我が国の教育全体にとっての重要な課題であるとの認識の下，これまでの成果や課題を検証しつつ，道徳の特質を踏まえた新たな枠組みによる教科化の具体的な在り方などについて，幅広く検討を行い，平成25年12月「今後の道徳教育の改善・充実方策について（報告）～新しい時代を，人としてより良く生きる力を育てるために～」を取りまとめた。

また，平成26年2月，中央教育審議会に「道徳に係る教育課程の改善等について」が諮問され，道徳教育専門部会において道徳の時間の新たな枠組みによる教科化の在り方等について検討が行われた。平成26年10月21日の答申では，道徳教育の要である道徳の時間については，「特別の教科　道徳（仮称）」として制度上位置付け，充実を図ること，また，道徳教育の抜本的な改善に向け，学習指導要領に定める道徳教育の目標，内容の明確化及び体系化を図ることや，指導方法の工夫，生徒の成長の様子を把握する評価の在り方，検定教科書の導入，教師の指導力向上方策，学校と家庭や地域との連携強化の在り方など道徳教育の改善・充実に向けて必要な事項が示された。

この答申を踏まえ，平成27年3月27日に学校教育法施行規則を改正するとともに，小学校学習指導要領，中学校学習指導要領及び特別支援学校小学部・中学部学習指導要領の一部改正の告示を公示した。今回の改正は，いじめの問題への対応の充実や発達の段階をより一層踏まえた体系的なものとする観点からの内容の改善，問題解決的な学習を取り入れるなどの指導方法の工夫を図ることなどを示したものである。このことにより，「特定の価値観を押し付けたり，主体性をもたず言われるままに行動するよう指導したりすることは，道徳教育が目指す方向の対極にあるものと言わなければならない」，「多様な価値観の，時に対立がある場合を含めて，誠実にそれらの価値に向き合い，道徳としての問題を考え続ける姿勢こそ道徳教育で養うべき基本的資質である」との中央教育審議会答申を踏まえ，発達の段階に応じ，答えが一つではない道徳的な課題を一人一人の生徒が自分自身の問題と捉え向き合う「考える道徳」，「議論する道徳」へと転換を図るものである。

改正中学校学習指導要領は，平成27年4月1日から移行措置として，その一部又は全部を

付録5

実施することが可能となっており，平成31年4月1日から全面実施することとしている。

(2) 一部改正の基本方針

この一部改正は，平成26年10月の中央教育審議会の答申を踏まえ，次のような方針の下で行った。

これまでの「道徳の時間」を要として学校の教育活動全体を通じて行うという道徳教育の基本的な考え方を，適切なものとして今後も引き継ぐとともに，道徳の時間を「特別の教科である道徳」（以下「道徳科」という。）として新たに位置付けた。

また，それに伴い，目標を明確で理解しやすいものにするとともに，道徳教育も道徳科も，その目標は，最終的には「道徳性」を養うことであることを前提としつつ，各々の役割と関連性を明確にした分かりやすい規定とした。

なお，道徳科においては，内容をより発達の段階を踏まえた体系的なものとするとともに，指導方法を多様で効果的なものとするため，指導方法の工夫等について具体的に示すなど，その改善を図っている。

(3) 一部改正の要点

① 学校教育法施行規則改正の要点

学校教育法施行規則の中学校の教育課程について，「道徳の時間」を「特別の教科である道徳」としたため，学校の教育活動全体を通じて行う道徳教育を「特別の教科である道徳」を要として学校の教育活動全体を通じて行うものと改めた。

② 総則改正の要点

ア 教育課程編成の一般方針

「特別の教科である道徳」を「道徳科」と言い換える旨を示すとともに，道徳教育の目標について，「人間としての生き方を考え，主体的な判断の下に行動し，自立した人間として他者と共によりよく生きるための基盤となる道徳性を養うこと」と簡潔に示した。また，道徳教育を進めるに当たっての配慮事項として，道徳教育の目標を達成するための諸条件を示しながら「主体性のある日本人の育成に資することとなるよう特に留意しなければならない」こととした。

イ 内容等の取扱いに関する共通事項

道徳科を要として学校の教育活動全体を通じて行う道徳教育の内容は，「第3章特別の教科道徳」の第2に示す内容であることを明記した。

ウ 指導計画の作成等に当たって配慮すべき事項

学校における道徳教育は，道徳科を要として教育活動全体を通じて行うものであることから，その配慮事項を以下のように付け加えた。

(ｱ) 道徳教育は，道徳科を要として学校の教育活動全体で行うことから，全体計画を作成して全教師が協力して道徳教育を行うこと。また，各教科等で道徳教育の指導の内容及び時期を示すこと。

(ｲ) 各学校において指導の重点化を図るために，生徒の発達の段階や特性等を踏まえて中学校における留意事項を示したこと。

(ｳ) 職場体験活動やボランティア活動，自然体験活動，地域の行事への参加などの豊かな体験の充実とともに，道徳教育がいじめの防止や安全の確保等に資するよう留意することを示したこと。

(ｴ) 学校の道徳教育の全体計画や道徳教育に関する諸活動などの情報を積極的に公表す

ること，家庭や地域社会との共通理解を深め，相互の連携を図ることを示したこと。

第3章　教育課程の編成及び実施

第1節　中学校教育の基本と教育課程の役割

● 2　生きる力を育む各学校の特色ある教育活動の展開

(2) 豊かな心（第1章第1の2の(2)）
① 豊かな心や創造性の涵養（第1章第1の2の(2)の1段目）

> (2)　道徳教育や体験活動，多様な表現や鑑賞の活動等を通して，豊かな心や創造性の涵養を目指した教育の充実に努めること。

　教育基本法第2条第1号は，教育の目的として「豊かな情操と道徳心を培う」ことを規定しており，本項では，道徳教育や体験活動，多様な表現や鑑賞の活動等を通して，豊かな心や創造性の涵養を目指した教育の充実に努めることを示している。創造性とは，感性を豊かに働かせながら，思いや考えを基に構想し，新しい意味や価値を創造していく資質・能力であり，豊かな心の涵養と密接に関わるものであることから，本項において一体的に示している。

　豊かな心や創造性の涵養は，第1章総則第3の1に示すとおり，単元や題材など内容や時間のまとまりを見通した，主体的・対話的で深い学びの実現に向けた授業改善を通して実現が図られるものであり，そうした学習の過程の在り方については，本解説第3章第3節の1において解説している。

　本項で示す教育活動のうち，道徳教育については次項②から④までの解説のとおりであり，体験活動については第1章総則第3の1(5)において示している。多様な表現や鑑賞の活動等については，音楽や美術における表現及び鑑賞の活動や，保健体育における表現運動，特別活動における文化的行事等の充実を図るほか，各教科等における言語活動の充実（第1章総則第3の1(2)）を図ることや，教育課程外の学校教育活動などと相互に関連させ，学校教育活動全体として効果的に取り組むことも重要となる。

② 道徳教育の展開と道徳科（第1章第1の2の(2)の2段目）

> 　学校における道徳教育は，特別の教科である道徳（以下「道徳科」という。）を要として学校の教育活動全体を通じて行うものであり，道徳科はもとより，各教科，総合的な学習の時間及び特別活動のそれぞれの特質に応じて，生徒の発達の段階を考慮して，適切な指導を行うこと。

　道徳教育は人格形成の根幹に関わるものであり，同時に，民主的な国家・社会の持続的発展を根底で支えるものでもあることに鑑みると，生徒の生活全体に関わるものであり，学校で行われる全ての教育活動に関わるものである。

　各教科，総合的な学習の時間及び特別活動にはそれぞれ固有の目標や特質があり，それらを重視しつつ教育活動が行われるが，それと同時にその全てが教育基本法第1条に規定する「人格の完成を目指し，平和で民主的な国家及び社会の形成者として必要な資質を備えた心身ともに健康な国民の育成」を目的としている。したがって，それぞれの教育活動においても，その特質を生かし，生徒の学年が進むにつれて全体として把握できる発達の段階や個々人の特性等の両方を適切に考慮しつつ，人格形成の根幹であると同時に，民主的な国家・社会の持続的発展を根底で支

付録5

える道徳教育の役割をも担うことになる。

中でも，特別の教科として位置付けられた道徳科は，道徳性を養うことを目指すものとして，その中核的な役割を果たす。道徳科の指導において，各教科等で行われる道徳教育を補ったり，それを深めたり，相互の関連を考えて発展させ，統合させたりすることで，学校における道徳教育は一層充実する。こうした考え方に立って，道徳教育は道徳科を要として学校の教育活動全体を通じて行うものと規定している。

③ 道徳教育の目標（第1章第1の2の(2)の3段目）

> 道徳教育は，教育基本法及び学校教育法に定められた教育の根本精神に基づき，人間としての生き方を考え，主体的な判断の下に行動し，自立した人間として他者と共によりよく生きるための基盤となる道徳性を養うことを目標とすること。

学校における道徳教育は，生徒がよりよく生きるための基盤となる道徳性を養うことを目標としており，生徒一人一人が将来に対する夢や希望，自らの人生や未来を拓（ひら）いていく力を育む源となるものでなければならない。

ア　教育基本法及び学校教育法の根本精神に基づく

　道徳教育は，まず，教育基本法及び学校教育法に定められた教育の根本精神に基づいて行われるものである。

　教育基本法においては，我が国の教育は「人格の完成を目指し，平和で民主的な国家及び社会の形成者として必要な資質を備えた心身ともに健康な国民の育成を期して行」うことを目的としていることが示されている（第1条）。そして，その目的を実現するための目標として，「真理を求める態度を養う」ことや「豊かな情操と道徳心を培う」ことなどが挙げられている（第2条）。また，義務教育の目的として「各個人の有する能力を伸ばしつつ社会において自立的に生きる基礎を培い，また，国家及び社会の形成者として必要とされる基本的な資質を養うことを目的」とすることが規定されている（第5条第2項）。

　学校教育法においては，義務教育の目標として，「自主，自律及び協同の精神，規範意識，公正な判断力並びに公共の精神に基づき主体的に社会の形成に参画し，その発展に寄与する態度を養うこと」（第21条第1号），「生命及び自然を尊重する精神並びに環境の保全に寄与する態度を養うこと」（同条第2号），「伝統と文化を尊重し，それらをはぐくんできた我が国と郷土を愛する態度を養うとともに，進んで外国の文化の理解を通じて，他国を尊重し，国際社会の平和と発展に寄与する態度を養うこと」（同条第3号）などが示されている。学校で行う道徳教育は，これら教育の根本精神に基づいて行われるものである。

イ　人間としての生き方を考える

　中学生の時期は，人生に関わる様々な問題についての関心が高くなり，人生の意味をどこに求め，いかによりよく生きるかという人間としての生き方を主体的に模索し始める時期である。人間にとって最大の関心は，人生の意味をどこに求め，いかによりよく生きるかということにあり，道徳はこのことに直接関わるものである。

　人間は，自らの生きる意味や自己の存在価値に関わることについては，全人格をかけて取り組むものである。人としてよりよく生きる上で大切なものは何か，自分はどのように生きるべきかなどについて，時には悩み，葛藤しつつ，生徒自身が，自己を見つめ，「人間としての生き方を考える」ことによって，真に自らの生き方を育んでいくことが可能となる。

　なお，人間としての生き方についての自覚は，人間とは何かということについての探求とともに深められるものである。生き方についての探求は，人間とは何かという問いから始まると言ってもよい。人間についての深い理解なしに，生き方についての深い自覚が生まれ

はずはないのである。
　学校における道徳教育においては，これらのことが，生徒の実態に応じて，意欲的になされるように様々に指導方法を工夫していく必要がある。

ウ　主体的な判断の下に行動する

　生徒が日常生活の様々な道徳的な問題や自己の生き方についての課題に直面したときに，自らの「主体的な判断の下に行動」することが重要である。

　「主体的な判断の下に行動」するとは，生徒が自立的な生き方や社会の形成者としての在り方について自ら考えたことに基づいて，人間としてよりよく生きるための行為を自分の意志や判断によって選択し行うことである。人間としてよりよく生きていくためには，道徳的価値についての理解を基に，自己を見つめ，生き方について深く考え，道徳的価値を実現するための適切な行為を自分の意志や判断によって選択し，実践することができるような資質・能力を培う必要がある。

　またそれは，生徒が日常生活での問題や自己の生き方に関する課題に正面から向き合い，多様な価値観から考え方の対立がある場合にも，誠実にそれらの価値に向き合い，自らの力で考え，よりよいと判断したり適切だと考えたりした行為の実践に向けて具体的な行動を起こすことである。

エ　自立した人間として他者と共によりよく生きる

　一人一人の生徒が「自立した人間」へと成長するためには，自己の生き方を模索し自己の価値観を確立することが必要となる。どのように生きるべきか，いかなる人間になることを目指すべきかを探求することを通して，自分自身に固有な判断基準となる自らの価値観をもつことができる。

　「自立した人間」としての自己は，他者との関わりの中で形成されていく存在であり，同時に「他者と共に」よりよい社会の実現を目指そうとする社会的な存在としての自己を志向する。人は誰もがよりよい自分を求めて自己の確立を目指すとともに，他者と共に心を通じ合わせて生きようとしている。したがって，他者との関係を主体的かつ適切にもつことができるようにすることが求められる。

オ　そのための基盤となる道徳性を養う

　こうした思考や判断，行動などを通してよりよく生きるための営みを支える基盤となるのが道徳性であり，道徳教育はこの道徳性を養うことを目標とする。

　道徳性とは，人間としての本来的な在り方やよりよい生き方を目指して行われる道徳的行為を可能にする人格的特性であり，人格の基盤をなすものである。それはまた，人間らしいよさであり，道徳的諸価値が一人一人の内面において統合されたものといえる。個人の生き方のみならず，人間の文化的活動や社会生活を根底で支えている。道徳性は，人間が他者と共によりよく生きていく上で大切にしなければならないものである。

　学校における道徳教育においては，各教育活動に応じて，特に道徳性を構成する諸様相である道徳的判断力，道徳的心情，道徳的実践意欲と態度を養うことを求めている。このことは，第3章の道徳科の目標としても示されている。

④ 道徳教育を進めるに当たっての留意事項（第1章第1の2の4段目）

> 道徳教育を進めるに当たっては，人間尊重の精神と生命に対する畏敬の念を家庭，学校，その他社会における具体的な生活の中に生かし，豊かな心をもち，伝統と文化を尊重し，それらを育んできた我が国と郷土を愛し，個性豊かな文化の創造を図るとともに，平和で民主的な国家及び社会の形成者として，公共の精神を尊び，社会及び国家の発展に努め，他国を尊重し，国際社会の平和と発展や環境の保全に貢献し未来を拓（ひら）く主体性のある日本人の育成に資することとなるよう特に留意すること。

第1章総則第1の2(2)の4段目においては，道徳教育の目標に続けて，それを進めるに当たって留意すべき事項について次のように示している。

ア 人間尊重の精神と生命に対する畏敬の念を家庭，学校，その他社会における具体的な生活の中に生かす

　人間尊重の精神は，生命の尊重，人格の尊重，基本的人権，人間愛などの根底を貫く精神である。日本国憲法に述べられている「基本的人権」や，教育基本法に述べられている「人格の完成」，さらには，国際連合教育科学文化機関憲章（ユネスコ憲章）にいう「人間の尊厳」の精神も根本において共通するものである。

　民主的な社会においては，人格の尊重は，自己の人格のみではなく，他の人々の人格をも尊重することであり，また，権利の尊重は，自他の権利の主張を認めるとともに，権利の尊重を自己に課するという意味で，互いに義務と責任を果たすことを求めるものである。具体的な人間関係の中で道徳性を養い，それによって人格形成を図るという趣旨に基づいて，「人間尊重の精神」という言葉を使っている。

　生命に対する畏敬の念は，生命のかけがえのなさに気付き，生命あるものを慈しみ，畏れ，敬い，尊ぶことを意味する。このことにより人間は，生命の尊さや生きることのすばらしさの自覚を深めることができる。生命に対する畏敬の念に根ざした人間尊重の精神を培うことによって，人間の生命があらゆる生命との関係や調和の中で存在し生かされていることを自覚できる。さらに，生命あるもの全てに対する感謝の心や思いやりの心を育み，より深く自己を見つめながら，人間としての在り方や生き方の自覚を深めていくことができる。これは，生徒の自殺やいじめに関わる問題，環境問題などを考える上でも，常に根本において重視すべき事柄である。

　道徳教育は，この人間尊重の精神と生命に対する畏敬の念を生徒自らが培い，それらを家庭での日常生活，学校での学習や生活及び地域での遊び，活動，行事への参画などの具体的な機会において生かすことができるようにしなければならない。

イ 豊かな心をもつ

　豊かな心とは，例えば，困っている人には優しく声を掛ける，ボランティア活動など人の役に立つことを進んで行う，喜びや感動を伴って植物や動物を育てる，自分の成長を感じ生きていることを素直に喜ぶ，美しいものを美しいと感じることができる，他者との共生や異なるものへの寛容さをもつなどの感性及びそれらを大切にする心である。道徳教育は，生徒一人一人が日常生活においてこのような心を育み，生きていく上で必要な道徳的価値を理解し，自己を見つめることを通して，固有の人格を形成していくことができるようにしなければならない。

ウ 伝統と文化を尊重し，それらを育んできた我が国と郷土を愛し，個性豊かな文化の創造を図る

　個性豊かな文化の継承・発展・創造のためには，古いものを改めていくことも大切であり，先人の残した有形・無形の文化的遺産の中に優れたものを見いだし，それを生み出した精神

付録5

に学び，それを継承し発展させることも必要である。また，国際社会の中で主体性をもって生きていくには，国際感覚をもち，国際的視野に立ちながらも，自らの国や地域の伝統や文化についての理解を深め，尊重する態度を身に付けることが重要である。

したがって，我が国や郷土の伝統と文化に対する関心や理解を深め，それを尊重し，継承，発展させる態度を育成するとともに，それらを育んできた我が国と郷土への親しみや愛着の情を深め，世界と日本との関わりについて考え，日本人としての自覚をもって，文化の継承・発展・創造と社会の発展に貢献し得る能力や態度が養われなければならない。

エ　平和で民主的な国家及び社会の形成者として，公共の精神を尊び，社会及び国家の発展に努める

人間は個としての尊厳を有するとともに，平和で民主的な国家及び社会を形成する一人としての社会的存在でもある。私たちは，身近な集団のみならず，社会や国家の一員としての様々な帰属意識をもっている。一人一人がそれぞれの個をその集団の中で生かし，よりよい集団や社会を形成していくためには，個としての尊厳とともに社会全体の利益を実現しようとする公共の精神が必要である。

また，平和で民主的な社会は，国民主権，基本的人権，自由，平等などの民主主義の理念の実現によって達成される。これらが，法によって規定され，維持されるだけならば，一人一人の日常生活の中で真に主体的なものとして確立されたことにはならない。それらは，一人一人の自覚によって初めて達成される。日常生活の中で社会連帯の自覚に基づき，あらゆる時と場所において他者と協同する場を実現していくことは，社会及び国家の発展に努めることでもある。

したがって，道徳教育においては，単に法律的な規則やきまりそのものを取り上げるだけでなく，それらの基盤となっている人間としての道徳的な生き方を問題にするという視点にも留意して取り扱う必要がある。

オ　他国を尊重し，国際社会の平和と発展や環境の保全に貢献する

民主的で文化的な国家を更に発展させるとともに，世界の平和と人類の福祉の向上に貢献することは，教育基本法の前文において掲げられている理念である。

平和は，人間の心の内に確立すべき課題でもあるが，日常生活の中で社会連帯の自覚に基づき，他者と協同する場を実現していく努力こそ，平和で民主的な国家及び社会を実現する根本である。また，環境問題が深刻な問題となる中で，持続可能な社会の実現に努めることが重要な課題となっている。そのためにも，生命や自然に対する感受性や，身近な環境から地球規模の環境への豊かな想像力，それを大切に守ろうとする態度が養われなければならない。

このような努力や心構えを，広く国家間ないし国際社会に及ぼしていくことが他国を尊重することにつながり，国際社会に平和をもたらし環境の保全に貢献することになる。

カ　未来を拓(ひら)く主体性のある日本人を育成する

未来を拓(ひら)く主体性のある人間とは，常に前向きな姿勢で未来に夢や希望をもち，自主的に考え，自律的に判断し，決断したことは積極的かつ誠実に実行し，その結果について責任をもつことができる人間である。道徳教育は，このような視点に立ち，生徒が自らの人生や新しい社会を切り拓(ひら)く力を身に付けられるようにしていかなければならない。

このことは，人間としての在り方の根本に関わるものであるが，ここで特に日本人と示しているのは，歴史的・文化的に育まれてきた日本人としての自覚をもって文化の継承，発展，創造を図り，民主的な社会の発展に貢献するとともに，国際的視野に立って世界の平和と人類の発展に寄与し，世界の人々から信頼される人間の育成を目指しているからである。

付録5

第2節　教育課程の編成

● 3　教育課程の編成における共通的事項

(1) 内容の取扱い

④　道徳教育の内容（第1章第2の3の(1)のカ）

> カ　道徳科を要として学校の教育活動全体を通じて行う道徳教育の内容は，第3章特別の教科道徳の第2に示す内容とし，その実施に当たっては，第6に示す道徳教育に関する配慮事項を踏まえるものとする。

ア　内容の位置付け

　　道徳教育の内容は，「第3章特別の教科道徳」の「第2　内容」に示すとおりである。これらの内容項目は，生徒の発達の段階や生徒を取り巻く状況等を考慮して，中学校の3年間に生徒が人間としての生き方を考え，よりよく「生きる力」を育む上で重要と考えられる道徳的価値を含む内容を平易に表現したものである。

　　これらの内容項目は，教師と生徒が人間としてのよりよい生き方を求め，共に考え，共に語り合い，その実行に努めるための共通の課題である。また，学校の教育活動全体の中で，様々な場や機会を捉え，多様な方法によって進められる学習を通して，生徒自らが調和的な道徳性を養うためのものでもある。

　　学校における道徳教育は，道徳科を要として全教育活動において，生徒一人一人の道徳性を養うものである。したがって，これらの内容項目は，生徒自らが成長を実感でき，これからの課題や目標を見付けられるような指導上の工夫の下，道徳科はもとより，各教科，総合的な学習の時間及び特別活動で行われる道徳教育において，それぞれの特質に応じて適切に指導されなければならない。

　　なお，それぞれの内容項目は指導に当たり取り扱う対象であって，目標とする姿を表すものではない。したがって，生徒に対して一方的に内容項目を教え込むような指導は適切ではない。指導に当たっては，それぞれの内容項目に含まれる道徳的価値について一般的な意味を理解させるだけではなく，発達の段階を踏まえつつ，その意義などについて自己との関わりや社会的な背景なども含め広い視野から多面的・多角的に考えさせることにより，生徒の道徳的な判断力や心情，主体的に道徳的な実践を行う意欲と態度を育むよう努める必要がある。

　　このことを通じ，生徒が自らの生活の中で出会う様々な場面において，人間としてよりよく生きようとする立場から，主体的な判断に基づき適切な実践を行うことができるようになることが重要である。したがって，各内容項目について生徒の実態を基に把握し直し，指導上の課題を生徒の視点に立って具体的に捉えるなど，生徒自身が道徳的価値の自覚を深め発展させていくことができるよう，実態に基づく課題に即した指導をしていくことが大切である。

イ　内容項目の重点的取扱い

　　道徳科を要として学校の教育活動全体を通じて行う道徳教育を，全教職員が共通理解して一体となって推進するためには，学校として育てようとする生徒の姿を明らかにしなければならない。その上で，校長の方針に基づいて，学校の道徳教育の目標を設定して指導することが大切である。

　　その際，学校の道徳教育の目標に基づいて指導すべき内容を検討することになるが，道徳

付録5

科においては，その目標を踏まえ，重点的に指導する内容項目を設定するとともに，計画的，発展的に指導できるようにすることが必要である。また，各教科等においても，それぞれの特質に応じて，関連する道徳的価値に関する内容項目や学校としての重点的に指導する内容項目等を考慮し，意図的，計画的に取り上げるようにすることが求められる。そのようにして，学校の教育活動全体を通じ，学校としての道徳の内容の重点やその生かし方の特色が明確になった指導となるよう心掛けることが大切である。

なお，内容項目については，「第3章特別の教科道徳」の「第2 内容」において詳しく示している。

第6節　道徳教育推進上の配慮事項

1　道徳教育の指導体制と全体計画

(1) 道徳教育の指導体制（第1章第6の1の前段）

> 1　各学校においては，第1の2の(2)に示す道徳教育の目標を踏まえ，道徳教育の全体計画を作成し，校長の方針の下に，道徳教育の推進を主に担当する教師（以下「道徳教育推進教師」という。）を中心に，全教師が協力して道徳教育を展開すること。

ア　校長の方針の明確化

道徳教育は，「第1章総則」の第1の2(2)に示すように，学校の教育活動全体で行うものであり，学校の教育課程の管理者である校長は，その指導力を発揮し，学校の道徳教育の基本的な方針を全教師に明確に示すことが必要である。校長は道徳教育の改善・充実を視野におきながら，関係法規や社会的な要請，学校や地域社会の実情，生徒の道徳性に関わる実態，家庭や地域社会の期待などを踏まえ，学校の教育目標との関わりで，道徳教育の基本的な方針等を明示しなければならない。

校長が道徳教育の方針を明示することにより，全教師が道徳教育の重要性についての認識を深めるとともに，学校の道徳教育の重点や推進すべき方向について共通に理解し，具体的な指導を行うことができる。また，校長の方針は，全教師が協力して学校の道徳教育の諸計画を作成し，展開し，その不断の改善，充実を図っていく上でのよりどころになるものである。

イ　道徳教育推進教師を中心とした全教師による協力体制の整備

　(ア)　道徳教育推進教師の役割

道徳教育推進教師には，学校の教育活動全体を通じて行う道徳教育を推進する上での中心となり，全教師の参画，分担，協力の下に，その充実が図られるよう働きかけていくことが望まれる。機能的な協力体制を整えるためには，道徳教育推進教師の役割を明確にしておく必要があり，その役割としては，以下に示すような事柄が考えられる。

・道徳教育の指導計画の作成に関すること
・全教育活動における道徳教育の推進，充実に関すること
・道徳科の充実と指導体制に関すること
・道徳用教材の整備・充実・活用に関すること
・道徳教育の情報提供や情報交換に関すること
・道徳科の授業公開など家庭や地域社会との連携に関すること

・道徳教育の研修の充実に関すること
・道徳教育における評価に関すること　など

　また，各教師がそれぞれの役割を自覚しその役割を進んで果たす上でも，機能的な協力体制を整えることは重要である。なお，道徳教育推進教師については，その職務の内容に鑑み，校長が適切に任命するとともに，学校の実態に応じて人数等に工夫を加えるなどの創意工夫した対応が求められる。さらに，道徳教育推進教師の研修や近隣の学校の道徳教育推進教師との連携等も積極的に進め，道徳教育の充実に努めることが大切である。

(イ)　協力体制の充実

　学校が組織体として一体となって道徳教育を進めるためには，校長の明確な方針と道徳教育推進教師等の役割の明確化とともに，全教師が指導力を発揮し，協力して道徳教育を展開できる体制を整える必要がある。例えば，家庭や地域社会との連携など，道徳教育を推進する上での課題にあわせた組織を設けたり，各学年段階や校務分掌ごとに分かれて推進するための体制をつくったりするなど，学校の実態に応じて全教師が積極的に関わることができる機能的な協力体制を整えることが大切である。

(2) 道徳教育の全体計画（第1章第6の1の後段）

> なお，道徳教育の全体計画の作成に当たっては，生徒や学校，地域の実態を考慮して，学校の道徳教育の重点目標を設定するとともに，道徳科の指導方針，第3章特別の教科道徳の第2に示す内容との関連を踏まえた各教科，総合的な学習の時間及び特別活動における指導の内容及び時期並びに家庭や地域社会との連携の方法を示すこと。

ア　全体計画の意義

　道徳教育の全体計画は，学校における道徳教育の基本的な方針を示すとともに，学校の教育活動全体を通して，道徳教育の目標を達成するための方策を総合的に示した教育計画である。

　学校における道徳教育の中軸となるのは，学校の設定する道徳教育の基本方針である。全体計画は，その基本方針を具現化し，学校としての道徳教育の目標を達成するために，どのようなことに重点的に取り組むのか，各教育活動はどのような役割を分担し関連を図るのか，家庭や地域社会との連携をどう進めていくのかなどについて総合的に示すものでなければならない。

　このような全体計画は，特に次の諸点において重要な意義をもつ。

(ア)　人格の形成及び国家，社会の形成者として必要な資質の育成を図る場として学校の特色や実態及び課題に即した道徳教育が展開できる

　各学校においては，様々な教育の営みが人格の形成や国家，社会の形成者として必要な資質の育成につながっていることを意識し，特色があり，課題を押さえた道徳教育の充実を図ることができる。

(イ)　学校における道徳教育の重点目標を明確にして取り組むことができる

　学校としての重点目標を明確にし，それを全教師が共有することにより，学校の教育活動全体で行う道徳教育に方向性をもたせることができる。

(ウ)　道徳教育の要として，道徳科の位置付けや役割が明確になる

　道徳科で担うべきことを押さえるとともに，教育活動相互の関連を図ることができる。また，全体計画は，道徳科の年間指導計画を作成するよりどころにもなる。

(エ)　全教師による一貫性のある道徳教育が組織的に展開できる

　全教師が全体計画の作成に参加し，その活用を図ることを通して，道徳教育の方針やそ

れぞれの役割についての理解が深まり，組織的で一貫した道徳教育の展開が可能になる。
(ｵ)　家庭や地域社会との連携を深め，保護者や地域住民の積極的な参加や協力を可能にする
　　全体計画を公表し，家庭や地域社会の理解を得ることにより，家庭や地域社会と連携し，その協力を得ながら道徳教育の充実を図ることができる。

イ　全体計画の内容
　全体計画は，各学校において，校長の明確な方針の下に，道徳教育推進教師が中心となって，全教師の参加と協力により創意と英知を結集して作成されるものである。作成に当たっては，上記の意義を踏まえて次の事項を含めることが望まれる。
(ｱ)　基本的把握事項
　　計画作成に当たって把握すべき事項として，次の内容が挙げられる。
・教育関係法規の規定，時代や社会の要請や課題，教育行政の重点施策
・学校や地域の実態と課題，教職員や保護者の願い
・生徒の実態や発達の段階等
(ｲ)　具体的計画事項
　　基本的把握事項を踏まえ，各学校が全体計画に示すことが望まれる事項として，次の諸点を挙げることができる。
・学校の教育目標，道徳教育の重点目標，各学年の重点目標
・道徳科の指導の方針
　　年間指導計画を作成する際の観点や重点目標に関わる内容の指導の工夫，校長や教頭等の参加，他の教師との協力的な指導等を記述する。
・各教科，総合的な学習の時間及び特別活動などにおける道徳教育の指導の方針，内容及び時期
　　重点内容項目との関連や各教科等の指導計画を作成する際の道徳教育の観点を記述する。また，各教科等の方針に基づいて進める道徳性を養うことに関わる指導の内容及び時期を整理して示す。
・特色ある教育活動や豊かな体験活動における指導との関連
　　学校や地域の特色を生かした取組や生徒指導との関連，職場体験活動，ボランティア活動，自然体験活動など生徒の内面に根ざした道徳性を養うことに関わる豊かな体験活動との関連を示す。
・学級，学校の人間関係，環境の整備や生活全般における指導の方針
　　日常的な学級経営を充実させるための具体的な計画等を記述する。
・家庭，地域社会，関係機関，小学校・高等学校・特別支援学校等との連携の方針
　　道徳教育講演会や道徳科の授業公開の実施，地域教材の開発や活用，広報活動や授業等に保護者や地域の人々の積極的な参加や協力を得る具体的な計画や方策，小学校・高等学校・特別支援学校等との連携方針等を記述する。
・　道徳教育の推進体制
　　道徳教育推進教師の位置付けも含めた学校の全教師による推進体制等を示す。
・その他
　　例えば，次年度の計画に生かすための評価の記入欄，研修計画や重点的指導に関する添付資料等を記述したりする。
　　なお，全体計画を一覧表にして示す場合は，必要な各事項について文章化したり具体化したりしたものを加えるなどの工夫が望まれる。例えば，各教科等における道徳教育に関わる指導の内容及び時期を整理したもの，道徳教育に関わる体験活動や実践活動の時期等

が一覧できるもの，道徳教育の推進体制や家庭や地域社会等との連携のための活動等が分かるものを別葉にして加えるなどして，年間を通して具体的に活用しやすいものとすることが考えられる。

また，作成した全体計画は，家庭や地域の人々の積極的な理解と協力を得るとともに，様々な意見を聞き一層の改善に役立てるために，その趣旨や概要等を学校通信に掲載したり，ホームページで紹介したりするなど，積極的に公開していくことが求められる。

ウ　全体計画作成上の創意工夫と留意点

全体計画の作成に当たっては，理念だけに終わることなく，具体的な指導に生きて働くものになるよう体制を整え，全教師で創意工夫をして，特に次のことに留意しながら作業を進めることが大切である。

(ｱ)　校長の明確な方針の下に道徳教育推進教師を中心として全教師の協力・指導体制を整える

学校における道徳教育は，人格の基盤となる道徳性を育成するものであり，学校の教育活動全体で指導し，家庭や地域社会との連携の下に進めねばならないことから，特に校長が指導力を発揮し，道徳教育推進教師が中心となって全教師が全体計画の作成に主体的に参画するよう体制を整える必要がある。学校の様々な分掌組織と連携しながら，道徳教育推進のための協力・指導体制を整えて，計画的に取り組むことが大切である。

(ｲ)　道徳教育や道徳科の特質を理解し，教師の意識の高揚を図る

全教師が，道徳教育及び道徳科の重要性や特質について理解が深められるよう，関係する教育法規や教育課程の仕組み，時代や社会の要請，生徒の実態，保護者や地域の人々の意見等について十分研修を行い，教師自身の日常的な指導の中での課題が明確になるようにする。そのことを通して，全体計画の作成に関わる教師の意識の高揚を図ることができ，その積極的な活用につなげることができる。

(ｳ)　各学校の特色を生かして重点的な道徳教育が展開できるようにする

全体計画の作成に当たっては，学校や地域の実態を踏まえ，各学校の課題を明らかにし，道徳教育の重点目標や各学年の指導の重点を明確にするなど，各学校の特色が生かされるよう創意工夫することが大切である。

第1章第6の2には，今日的課題と中学校の発達上の課題を踏まえて重点的な指導を行う観点が示されている。各学校においては，それぞれの実態に応じて，第3章第2の内容に示す内容項目の指導を通して，全体としてこれらの観点の指導が充実するよう工夫する必要がある。

また，道徳科の年間指導計画の作成に当たっても，全体計画に示した重点的な指導が反映されるよう配慮することが求められる。

(ｴ)　学校の教育活動全体を通じた道徳教育の相互の関連性を明確にする

各教科，総合的な学習の時間及び特別活動における道徳教育を，道徳の内容との関連で捉え，道徳科が要としての役割を果たせるよう計画を工夫することが必要である。

また，学校教育全体において，豊かな体験活動がなされるよう計画するとともに，体験活動を生かした道徳科が効果的に展開されるよう道徳科の年間指導計画等においても創意工夫することが大切である。

(ｵ)　家庭や地域社会，学校間交流，関係諸機関などとの連携に努める

全体計画の作成に当たっては，生徒の実態や発達の段階，生徒との信頼関係を育む具体的な方策，保護者や地域の人々の意見に耳を傾け，それを全体計画に反映させ，必要に応じて指導に活用する柔軟な姿勢が大切である。

付録5

また，全体計画を具体化するには，保護者，地域の人々の協力が不可欠である。また，近隣の幼稚園や保育所，小・中・高等学校，特別支援学校などとの連携や交流を図り，共通の関心の下に指導を行うとともに，福祉施設，企業等との連携や交流を深めることも大切であり，それらが円滑に行われるような体制等を工夫することが必要である。

　(カ) 計画の実施及び評価・改善のための体制を確立する

　　全体計画は，学校における道徳教育の基本を示すものである。したがって，頻繁に変更することは適切ではないが，評価し，改善の必要があれば直ちにそれに着手できる体制を整えておくことが大切である。道徳教育推進教師を中心にした全教師の参画による指導体制や，次年度の計画に生かすための評価欄等も加え，活用しやすいものに整えることも考えられる。全教師による一貫性のある道徳教育を推進するためには，校内の研修体制を充実させ，全体計画の具体化や評価・改善に当たって必要となる事項についての理解を深める必要がある。

(3) 各教科等における指導の基本方針

　学校における道徳教育は，道徳科を要として学校の教育活動全体を通じて行われる。

　各教科等でどのように道徳教育を行うかについては，学校の創意工夫によるところであるが，各教科等は，各教科等の目標に基づいてそれぞれに固有の指導を充実させる過程で，道徳性が育まれることを考え，見通しをもって指導することが重要である。

　各教科等の指導を通じて生徒の道徳性を養うためには，教師の用いる言葉や生徒への接し方，授業に望む姿勢や熱意といった教師の態度や行動による感化とともに，次のような視点が挙げられる。

　ア　道徳教育と各教科等の目標，内容及び教材との関わり

　　各教科等の目標や内容には，生徒の道徳性を養うことに関わりの深い事柄が含まれている。各教科等において道徳教育を適切に行うためには，まず，それぞれの特質に応じて道徳の内容に関わる事項を明確にする必要がある。それらに含まれる道徳的価値を意識しながら，学校独自の重点内容項目を踏まえて指導することにより，道徳教育の効果も一層高めることができる。

　イ　学習活動や学習態度への配慮

　　各教科等では，それぞれの授業を通して，学習態度や学習習慣が育てられていく。その視点から，生徒が学習に興味・関心をもち，積極的に取り組む工夫をすることや，相互に学び合う思いやりのある協力的な雰囲気や人間関係をつくるように配慮することは，学習効果を高めるとともに，望ましい道徳性を養うことにつながる。

　　なお，道徳性を養うための指導方法の一つとして，道徳的習慣をはじめ道徳的行為に関する指導を行うことも重要である。例えば，学校教育の様々な場面において，具体的な道徳的習慣や道徳的行為についての指導を行うことがあるが，その際，最終的なねらいとしているのは，指導を通じてその意義を理解し，自らの判断により，進んで適切な実践ができる資質・能力を育てることである。

(4) 各教科等における道徳教育

　各教科等における道徳教育を行う際には，次のような配慮をすることが求められる。

　ア　国語科

　　国語で正確に理解したり適切に表現したりする資質・能力を育成する上で，社会生活における人との関わりの中で伝え合う力を高めることは，学校の教育活動全体で道徳教育を進めていくための基盤となるものである。また，思考力や想像力を養うこと及び言語感覚を豊か

にすることは，道徳的心情や道徳的判断力を養う基本になる。さらに，我が国の言語文化に関わり，国語を尊重してその能力の向上を図る態度を養うことは，伝統と文化を尊重し，それらを育んできた我が国と郷土を愛することなどにつながるものである。

　教材選定の観点として，道徳性の育成に資する項目を国語科の特質に応じて示している。

イ　社会科

　多面的・多角的な考察や深い理解を通して涵養される我が国の国土や歴史に対する愛情は，伝統と文化を尊重し，それらを育んできた我が国と郷土を愛することなどにつながるものである。また，国民主権を担う公民として，自国を愛し，その平和と繁栄を図ることや，他国や他国の文化を尊重することの大切さについての自覚などを深め，自由・権利と責任・義務との関係を広い視野から正しく認識し，権利・義務の主体者として公正に判断しようとする力など，グローバル化する国際社会に主体的に生きる平和で民主的な国家及び社会の形成者に必要な公民としての資質・能力の基礎を育成することは，道徳教育の要としての「道徳科」の第2のCの〔社会参画，公共の精神〕に示された「社会参画の意識と社会連帯の自覚を高め，公共の精神をもってよりよい社会生活の実現に努めること」などと密接な関わりをもつものである。

ウ　数学科

　数学科の目標にある「数学を活用して事象を論理的に考察する力」，「数量や図形などの性質を見いだし統合的・発展的に考察する力」，「数学的な表現を用いて事象を簡潔・明瞭・的確に表現する力」を高めることは，道徳的判断力の育成にも資するものである。また，数学的活動の楽しさや数学のよさを実感して粘り強く考え，数学を生活や学習に生かそうとする態度を養うことは，工夫して生活や学習をしようとする態度を養うことにも資するものである。

エ　理科

　自然の事物・現象を調べる活動を通して，生物相互の関係や自然界のつり合いについて考えさせ，自然と人間との関わりを認識させることは，生命を尊重し，自然環境の保全に寄与する態度の育成につながるものである。また，見通しをもって観察，実験を行うことや，科学的に探究する力を育て，科学的に探究しようとする態度を養うことは，道徳的判断力や真理を大切にしようとする態度の育成にも資するものである。

オ　音楽科

　音楽を愛好する心情や音楽に対する感性は，美しいものや崇高なものを尊重することにつながるものである。また，音楽による豊かな情操は，道徳性の基盤を養うものである。

　なお，音楽科で取り扱う共通教材は，我が国の自然や四季の美しさを感じ取れるもの，我が国の文化や日本語のもつ美しさを味わえるものなどを含んでおり，道徳的心情の育成に資するものである。

カ　美術科

　美術科の目標においては，「表現及び鑑賞の幅広い活動を通して，造形的な見方・考え方を働かせ，生活や社会の中の美術や美術文化と豊かに関わる資質・能力を次のとおり育成することを目指す。」とし，(3)の「学びに向かう力，人間性等」に関する目標に「美術の創造活動の喜びを味わい，美術を愛好する心情を育み，感性を豊かにし，心豊かな生活を創造していく態度を養い，豊かな情操を培う。」と示している。

キ　保健体育科

　体育分野における様々な運動の経験を通して，粘り強くやり遂げる，ルールを守る，集団に参加し協力する，一人一人の違いを大切にするといった態度が養われる。また，健康・安全についての理解は，生活習慣の大切さを知り，自分の生活を見直すことにつながるもので

付録5

ある。

ク　技術・家庭科

　生活を工夫し創造する資質・能力を身に付けることは，望ましい生活習慣を身に付けるとともに，勤労の尊さや意義を理解することにつながるものである。また，進んで生活を工夫し創造しようとする資質・能力を育てることは，家族への敬愛の念を深めるとともに，家庭や地域社会の一員としての自覚をもって自分の生き方を考え，生活や社会をよりよくしようとすることにつながるものである。

ケ　外国語科

　外国語科においては，第1の目標(3)として「外国語の背景にある文化に対する理解を深め，聞き手，読み手，話し手，書き手に配慮しながら，主体的に外国語を用いてコミュニケーションを図ろうとする態度を養う」と示している。「外国語の背景にある文化に対する理解を深め」ることは，世界の中の日本人としての自覚をもち，国際的視野に立って，世界の平和と人類の幸福に貢献することにつながるものである。また，「聞き手，読み手，話し手，書き手に配慮」することは，外国語の学習を通して，他者を配慮し受け入れる寛容の精神や平和・国際貢献などの精神を獲得し，多面的思考ができるような人材を育てることにつながる。

コ　総合的な学習の時間

　総合的な学習の時間においては，目標を「探究的な見方・考え方を働かせ，横断的・総合的な学習を行うことを通して，よりよく課題を解決し，自己の生き方を考えていくための資質・能力を次のとおり育成する」とし，育成を目指す資質・能力の三つの柱を示している。

　総合的な学習の時間の内容は，各学校で定めるものであるが，目標を実現するにふさわしい探究課題については，例えば，国際理解，情報，環境，福祉・健康などの現代的な諸課題に対応する横断的・総合的な課題，地域や学校の特色に応じた課題，生徒の興味・関心に基づく課題，職業や自己の将来に関する課題などを踏まえて設定することが考えられる。生徒が，横断的・総合的な学習を探究的な見方・考え方を働かせて行うことを通して，このような現代社会の課題などに取り組み，これらの学習が自己の生き方を考えることにつながっていくことになる。

　また，探究課題の解決を通して育成を目指す資質・能力については，主体的に判断して学習活動を進めたり，粘り強く考え解決しようとしたり，自己の目標を実現しようとしたり，他者と協調して生活しようとしたりする資質・能力を育てることも重要であり，このような資質・能力の育成は道徳教育につながるものである。

サ　特別活動

　特別活動における学級や学校生活における集団活動や体験的な活動は，日常生活における道徳的な実践の指導を行う重要な機会と場であり，特別活動が道徳教育に果たす役割は大きい。特別活動の目標には，「集団活動に自主的，実践的に取り組み」「互いのよさや可能性を発揮」「集団や自己の生活上の課題を解決」など，道徳教育でもねらいとする内容が含まれている。また，目指す資質・能力には，「多様な他者との協働」「人間関係」「人間としての生き方」「自己実現」など，道徳教育がねらいとする内容と共通している面が多く含まれており，道徳教育において果たすべき役割は極めて大きい。

　具体的には，例えば，自他の個性や立場を尊重しようとする態度，義務を果たそうとする態度，よりよい人間関係を深めようとする態度，社会に貢献しようとする態度，自分たちで約束をつくって守ろうとする態度，より高い目標を設定し諸問題を解決しようとする態度，自己のよさや可能性を大切にして集団活動を行おうとする態度などは，集団活動を通して身に付けたい道徳性である。

　学級活動の内容(1)の「学級や学校における生活づくりへの参画」は，学級や学校の生活

上の諸課題を見いだし，これを自主的に取り上げ，協力して課題解決していく自発的，自治的な活動である。このような生徒による自発的，自治的な活動によって，よりよい人間関係の形成や生活づくりに参画する態度などに関わる道徳性を身に付けることができる。

また，学級活動の内容(2)の「日常の生活や学習への適応と自己の成長及び健康安全」では，自他の個性の理解と尊重，よりよい人間関係の形成，男女相互の理解と協力，思春期の不安や悩みの解決，性的な発達への対応，心身ともに健康で安全な生活態度や習慣の形成，食育の観点を踏まえた学校給食と望ましい食習慣の形成を示している。さらに学級活動の内容(3)の「一人一人のキャリア形成と自己実現」では，社会生活，職業生活との接続を踏まえた主体的な学習態度の形成と学校図書館等の活用，社会参画意識の醸成や勤労観・職業観の形成を示している。これらのことについて，自らの生活を振り返り，自己の目標を定め，粘り強く取り組み，よりよい生活態度を身に付けようとすることは，道徳性の育成に密接な関わりをもっている。

生徒会活動においては，全校の生徒が学校におけるよりよい生活を築くために，問題を見いだし，これを自主的に取り上げ，協力して課題解決していく自発的，自治的な活動を通して，異年齢によるよりよい人間関係の形成やよりよい学校生活づくりに参画する態度などに関わる道徳性を身に付けることができる。

学校行事においては，特に，職場体験活動やボランティア精神を養う活動などの社会体験や自然体験，幼児児童，高齢者や障害のある人々などとの触れ合いや文化や芸術に親しむ体験を通して，よりよい人間関係の形成，自律的態度，心身の健康，協力，責任，公徳心，勤労，社会奉仕などに関わる道徳性の育成を図ることができる。

● 2 指導内容の重点化（第1章第6の2）

> 2 各学校においては，生徒の発達の段階や特性等を踏まえ，指導内容の重点化を図ること。その際，小学校における道徳教育の指導内容を更に発展させ，自立心や自律性を高め，規律ある生活をすること，生命を尊重する心や自らの弱さを克服して気高く生きようとする心を育てること，法やきまりの意義に関する理解を深めること，自らの将来の生き方を考え主体的に社会の形成に参画する意欲と態度を養うこと，伝統と文化を尊重し，それらを育んできた我が国と郷土を愛するとともに，他国を尊重すること，国際社会に生きる日本人としての自覚を身に付けることに留意すること。

道徳教育を進めるに当たっては，中学生という発達の段階や特性等を踏まえるとともに，学校，地域社会等の実態や課題に応じて，学校としての指導の重点に基づき指導内容についての重点化を図ることが大切である。

どのような内容を重点的に指導するかについては，最終的には，各学校において生徒や学校の実態などを踏まえ工夫するものであるが，その際には社会的な要請や今日的課題についても考慮し，次の(1)から(5)について留意することが求められる。

これらとあわせて，人間としての生き方について理解を深めることは，全学年を通じ，学校教育のあらゆる機会を捉えて，全ての内容項目と関わるように配慮しながら指導することが求められる。

(1) 自立心や自律性を高め，規律ある生活をすること

中学生の時期は，自我に目覚め，自ら考え主体的に判断し行動することができるようになり，人間としての生き方についての関心が高まってくる。その一方で，必ずしも心と体の発達が均

衡しているわけではないため，人生の悩みや葛藤などで心の揺れを感じやすい時期でもある。また，教師や保護者など大人への依存から脱却して，自分なりの考えをもって精神的に自立していく時期でもある。しかし，周囲の思わくを気にして，他人の言動から影響を受けることも少なくない。そうした中で，現実の世界から逃避したり，今の自分さえよければよいと考えたりするのではなく，これまでの自分の言動を振り返るとともに，自分の将来を考え，他者や集団・社会との関わりの中で自制し生きていくことができる自己を確立し，道徳的に成長を遂げることが望まれる。そうした観点から，道徳科の授業で生徒が自己を振り返り，自己を深く見つめ，人間としての生き方について考えを深め，生徒の自立心や自律性を高め，規律ある生活が送れるようにする取組が求められる。

(2) 生命を尊重する心や自分の弱さを克服して気高く生きようとする心を育てること

近年，生徒を取り巻く社会環境や生活様式も変化し，自然や人間との関わりの希薄さから，いじめや暴力行為，自殺・自傷行為など生命を軽視する行動につながり，社会問題になることもある。人間としての生き方についての関心も高まるこの時期の生徒に，乳幼児や人生の先輩たちと触れ合ったり，医師や看護師などから生命に関する話を聞く機会をもったり，生命倫理に関わる問題を取り上げ話し合ったりすることなど，生命の尊さを深く考えさせ，かけがえのない生命を尊重する心を育成する取組が求められる。生命を十分に尊重できていない自らの弱さに気付くとともに，それを克服して気高く生きようとする心を育てることにもつながる。人間尊重の精神と生命に対する畏敬の念を培っていくことは，豊かな心を育むことの根本に置かれる課題の一つである。

(3) 法やきまりの意義に関する理解を深めること

人間は集団や社会をつくり，他の人と互いに協力し合って生活している。この社会生活に秩序を与え，摩擦を少なくして個人の自由を保障するために，法やきまりは作られている。生徒がこうした法やきまりの意義について理解を深め，社会生活の秩序と規律を維持するためには，自らに課せられた義務や責任を確実に果たすことが大事であることを自覚することが求められる。特に中学校の段階では，社会生活を送る上でもつべき最低限の規範意識を確実に身に付けさせるとともに，民主主義社会における法やきまりの意義やそれらを遵守することの意味を理解し，主体的に判断し，社会の秩序と規律を自ら高めていこうとする意欲や態度を育てる指導が重要である。

(4) 自らの将来の生き方を考え主体的に社会の形成に参画する意欲と態度を養うこと

地域社会は家庭や学校とともに大切な生活の場であり，生徒にとって，家庭，学校だけでなく，地域社会の一員としての自覚を深めることが大切である。地域の人々との人間関係を問い直したり，職場体験活動を通して自らの将来の生き方を思い描いたり，地域についての学習を通して将来の社会の在り方を協働して探究したり，ボランティア活動などの体験活動を生かしたりするなどして，社会の形成に主体的に参画しようとする意欲や態度を身に付けていくことが大切である。

(5) 伝統と文化を尊重し，それらを育んできた我が国と郷土を愛するとともに，他国を尊重すること，国際社会に生きる日本人としての自覚を身に付けること

知識基盤社会化やグローバル化がますます進展する中で，国際的規模の相互依存関係がより深まっている。将来の我が国を担う中学生は，郷土や国で育まれてきた優れた伝統と文化などのよさについて理解を深め，それらを育んできた我が国や郷土を愛するとともに，国際的視野

に立って，他国の生活習慣や文化を尊重する態度を養うことが大切である。また，国際社会の中で独自性をもちながら国際社会の平和と発展，地球環境の保全に貢献できる国家の発展に努める日本人として，主体的に生きようとする態度を身に付けていくことが求められる。

3 豊かな体験活動の充実といじめの防止（第1章第6の3）

> 3 学校や学級内の人間関係や環境を整えるとともに，職場体験活動やボランティア活動，自然体験活動，地域の行事への参加などの豊かな体験を充実すること。また，道徳教育の指導内容が，生徒の日常生活に生かされるようにすること。その際，いじめの防止や安全の確保等にも資することとなるよう留意すること。

(1) 学校や学級内の人間関係や環境を整えること

ア 教師と生徒の人間関係

　生徒の道徳性の多くの部分は，日々の人間関係の中で養われる。学校や学級における人的な環境は，主に教師と生徒及び生徒相互の関わりにおいて形成される。

　教師と生徒の人間関係においては，教師が生徒に対してもつ人間的関心と教育的愛情，生徒が教師の生き方に寄せる尊敬と相互の信頼が基盤となる。教師自身がよりよく生きようとする姿勢を示したり，教師が生徒と共に考え，悩み，感動を共有していくという姿勢を見せたりすることで信頼が強化される。そのためにも，教師と生徒が共に語り合える場を日頃から設定し，生徒を理解する有効な機会となるようにすることが大切である。

イ 生徒相互の人間関係

　生徒相互の人間関係を豊かにするには，相互の交流を深め，互いが伸び伸びと生活できる状況をつくることが大切である。生徒一人一人が，寛容の心をもち互いに認め合い，助け合い，学び合う場と機会を意図的に設け，様々な体験の共有や具体的な諸問題の解決を通して，互いに尊重し合い，協働的に学び合えるよう配慮しなければならない。教師は生徒の人間関係が常に変化していることに留意しつつ，座席換えやグループ編成の在り方などについても適切に見直しを図る必要がある。また，異学年間の交流や特別支援学級の生徒との交流などは，生徒相互の好ましい人間関係や道徳性を養う機会を増すことになる。

ウ 環境の整備

　生徒の道徳性を養う上で，人的な環境とともに物的な環境も大切である。具体的には，言語環境の充実，整理整頓され掃除の行き届いた校舎や教室の整備，生徒が親しみをもって接することのできる身近な動植物の飼育栽培，各種掲示物の工夫などは，生徒の道徳性を養う上で，大きな効果が期待できる。各学校や各学級においては，計画的に環境の充実・整備に取り組むとともに，日頃から生徒の道徳性を養うという視点で学校や教室の環境の整備に努めたい。

　また，学校や学級の環境の充実・整備を教職員だけが中心となって進めるだけでなく，生徒自らが自分たちの学級や学校の環境の充実・整備を積極的に行うことができるよう，特別活動等とも関連を図りながら指導することも大切である。

(2) 豊かな体験の充実

　勤労観・職業観を育むことができる職場体験活動や他の人々や社会のために役立ち自分自身を高めることができるボランティア活動，自然のすばらしさを味わい自然や動植物を愛護する心を育てることができる自然体験活動，地域の一員として社会参画の意欲を高めることができる地域の行事への参加など，様々な体験活動の充実が求められている。学校外の様々な人や事

物に出会う体験活動は，生徒の世界を広げ，実生活や実社会の生きた文脈の中で様々な価値や自己の生き方について考えることができる貴重な経験となる。共に学ぶ楽しさや自己の成長に気付く喜びを実感させ，他者，社会，自然・環境との関わりの中で共に生きる自分への自信をもたせることが大切である。各学校においては，学校の教育活動全体において生徒や学校の実態を考慮し，豊かな体験の積み重ねを通して生徒の道徳性が養われるよう配慮することが大切である。その際には，生徒に体験活動を通して道徳教育に関わるどのような内容を指導するのか指導の意図を明確にしておくことが必要であり，実施計画にもこのことを明記することが求められる。

さらに，地域の行事への参加も，幅広い年齢層の人々と接し，人々の生活，文化，伝統に親しみ，地域に対する愛着を高めるだけでなく，地域貢献などを通じて社会に参画する態度を育てるなど，生徒にとっては道徳性を養う豊かな体験となる。具体的には，学校行事や総合的な学習の時間などでの体験活動として，自治会や社会教育施設など地域の関係機関・団体等で行う地域振興の行事や奉仕活動，自然体験活動，防災訓練などに学校や学年として参加することなどが考えられる。その場合には，地域の行事の性格や内容を事前に把握し，学校の目標や年間の指導計画との関連を明確にしながら生徒の豊かな体験が充実するよう進めることが大切である。

(3) 道徳教育の指導内容と生徒の日常生活

道徳教育で養う道徳性は，人間としての生き方を考え，主体的な判断の下に行動し，自立した人間として他者と共によりよく生きるための基盤となるものである。日常生活の様々な場面で意図的，計画的に学習の機会を設け，生徒が多様な意見に学び合いながら，物事を多面的・多角的に考え，自らの判断により，適切な行為を選択し，実践するなど，道徳教育の指導内容が生徒の日常生活に生かされるようにすることが大切である。

特に，いじめの防止や安全の確保といった課題についても，道徳教育や道徳科の特質を生かし，よりよく生きるための基盤となる道徳性を養うことで，生徒がそれらの課題に主体的に関わることができるようにしていくことが大切である。

ア　いじめの防止

いじめは，生徒の心身の健全な発達に重大な影響を及ぼし，ともすると不登校や自殺などを引き起こす背景ともなる深刻な問題である。子供から大人まで，社会全体でいじめの防止等に取り組んでいく必要がある。その対応として，いじめ防止対策推進法が公布され，平成25年9月から施行されている。各学校では，いじめ防止対策推進法に基づき，いじめ防止等のための対策に関する基本的な方針を定め，いじめの防止及び早期発見，早期対応に一丸となって取り組むことが求められている。教師は，いじめはどの子供にもどの学校にも起こり得るものであることを認識し，人間としての生き方について生徒と率直に語り合う場を通して生徒との信頼関係を深め，いじめの防止及び早期発見，早期対応に努めなければならない。

いじめの防止等と道徳教育との関連を考えた場合，同法第15条の中に「児童等の豊かな情操と道徳心を培い，心の通う対人交流の能力の素地を養うことがいじめの防止に資することを踏まえ，全ての教育活動を通じた道徳教育及び体験活動等の充実を図らなければならない」と示されている。

すなわち，道徳教育においては，道徳科を要とし，教育活動全体を通して，生命を大切にする心や互いを認め合い，協力し，助け合うことのできる信頼感や友情を育むことをはじめとし，節度ある言動，思いやりの心，寛容な心などをしっかりと育てることが大切である。そして，こうして学んだことが，日常生活の中で，よりよい人間関係やいじめのない学級生

活を実現するために自分たちにできることを相談し協力して実行したり，いじめに対してその間違いに気付き，友達と力を合わせ，教師や家族に相談しながら正していこうとしたりするなど，いじめの防止等に生徒が主体的に関わる態度へとつながっていくのである。

とりわけ中学校では，生徒自身が主体的にいじめの問題の解決に向けて行動できるような集団を育てることが大切である。生徒の自尊感情や対人交流の能力，人間関係を形成していく能力，立場や意見の異なる他者を理解する能力などいじめを未然に防止するための資質・能力を育むとともに，様々な体験活動や協同して探究する学習活動を通して，学校・学級の諸問題を自主的・協働的に解決していくことができる集団づくりを進めることが求められる。

なお，道徳教育の全体計画を立案するに当たっても，いじめの防止等に向けた道徳教育の進め方について具体的に示し，教職員の共通理解を図ることが大切である。その際，「生徒指導提要」（文部科学省）等を活用して，いじめをとらえる視点やいじめの構造などについて理解を深め，いじめの問題に取り組む基本姿勢を確認するとともに，開発的・予防的生徒指導を充実させていくことが求められる。

イ 安全の確保

生徒自身が日常生活全般における安全確保のために必要な事項を実践的に理解し，生命尊重を基盤として，生涯を通じて安全な生活を送る基礎を培うとともに，進んで安全で安心な社会づくりに参加し貢献できるような資質や能力を育てることは，次世代の安全文化の構築にとって重要なことである。

道徳教育においては，自律的に判断することやよく考えて行動し，節度，節制に心掛けることの大切さ，生きている喜びや生命のかけがえのなさなど生命の尊さの自覚，力を合わせよりよい集団や社会の実現に努めようとする社会参画の精神などを深めることが，自他の安全に配慮して安全な行動をとったり，自ら危険な環境を改善したり，安全で安心な社会づくりに向けて学校，家庭及び地域社会の安全活動に進んで参加し，貢献したりするなど，生徒が安全の確保に積極的に関わる態度につながる。交通事故及び犯罪，自然災害から身を守ることや危機管理など安全に関する指導に当たっては，学校の安全教育の目標や全体計画，各教科等との関連などを考えながら進めることが大切である。

● 4 家庭や地域社会との連携（第1章第6の4）

> 4 学校の道徳教育の全体計画や道徳教育に関する諸活動などの情報を積極的に公表したり，道徳教育の充実のために家庭や地域の人々の積極的な参加や協力を得たりするなど，家庭や地域社会との共通理解を深め，相互の連携を図ること。

(1) 道徳教育に関わる情報発信

学校で行う道徳教育は，自立した人間として他者と共によりよく生きるための基盤となる道徳性を養うことを目標として行われる。このような道徳性は学校生活だけに限られたものではなく，家庭や地域社会においても，生徒の具体的な行動を支える内面的な資質である。このため，学校で行う道徳教育をより充実するためには，家庭や地域社会との連携，協力が重要になる。その際には，学校と家庭や地域社会との間に，生徒の道徳性を養う上での共通理解を図ることが不可欠である。

道徳教育は学校が主体的に行う教育活動であることから，学校が道徳教育の方針を家庭や地域社会に伝え，理解と協力を得るようにしなければならない。

具体的には，学校通信などで校長の方針に基づいて作成した道徳教育の全体計画を示したり，道徳教育の成果としての生徒のよさや成長の様子を知らせたりすることなどが考えられる。ま

た，学校のホームページなどインターネットを活用した情報発信も家庭や地域社会に周知する上で効果的である。

(2) 家庭や地域社会との相互連携

　道徳教育の主体は学校であるが，学校の道徳教育の充実を図るためには，家庭や地域社会との連携，協力が必要である。学校の道徳教育に関わる情報発信と併せて，学校の実態に応じて相互交流の場を設定することが望まれる。例えば，学校での道徳教育の実情について説明したり，家庭や地域社会における生徒のよさや成長などを知らせてもらったりする情報交換会を定例化し，生徒の道徳性の発達や学校，家庭，地域社会の願いを交流し合う機会をもつことが考えられる。また，こうした情報交換で把握した問題点や要望などに着目した講演会の開催なども連携を図る上で有効である。これらの会の開催は学校が会場となることが多いと予想されるが，より参加しやすいよう，例えば，会場を地域の公民館等としたり，生徒と保護者で道徳について学ぶ機会を設けたりするなどの工夫も考えられる。

　また，学校運営協議会制度などを活用して，学校での道徳教育の成果について話し合うことや，それらを学校評価に生かし道徳教育の改善を図るとともに，学校が家庭や地域社会と連携する方法を検討することも考えられる。さらに，学校，家庭，地域社会が連携した道徳教育が充実することで，保護者や地域住民の道徳教育に関わる意識が高まることも期待できる。

学習指導要領等の改善に係る検討に必要な専門的作業等協力者
（中学校特別の教科　道徳）
（敬称略・五十音順）

※職名は平成29年6月現在

七　條　正　典	香川大学教授
柴　原　弘　志	京都産業大学教授
鈴　木　明　雄	東京都北区立飛鳥中学校長
賞　雅　技　子	三鷹中央学園三鷹市立第四中学校長
谷　田　増　幸	兵庫教育大学大学院教授
富　岡　　栄	麗澤大学大学院准教授
馬　場　　勝	文部科学省初等中等教育局教科書調査官
	（元兵庫県立教育研修所義務教育研修課長）
日　向　正　志	石川県教育委員会学校指導課担当課長
村　田　寿美子	京都府城陽市立東城陽中学校教諭
柳　沼　良　太	岐阜大学大学院准教授

国立教育政策研究所において，次の者が本書の作成に携わった。
　西　野　真由美　　国立教育政策研究所総括研究官

なお，文部科学省においては，次の者が本書の編集に当たった。
合　田　哲　雄	初等中等教育局教育課程課長
小　野　賢　志	初等中等教育局教育課程課主任学校教育官（併）道徳教育調査官
美　濃　　亮	岡山県真庭市教育委員会事務局理事
	（前初等中等教育局教育課程課学校教育官（併）道徳教育調査官）
澤　田　浩　一	初等中等教育局教育課程課教科調査官

中学校学習指導要領（平成29年告示）解説
特別の教科　道徳編

MEXT 1-1602

平成30年3月5日　　初版発行
令和 7 年3月10日　　初版第8刷発行

著作権所有　　　　文部科学省

発　行　者　　　東京都江東区有明3-4-10　TFTビル西館
　　　　　　　　教育出版株式会社
　　　　　　　　代表者　伊東　千尋

印　刷　者　　　東京都文京区向丘1-8-13　白山ビル
　　　　　　　　株式会社ウイング

発　行　所　　　東京都江東区有明3-4-10　TFTビル西館
　　　　　　　　教育出版株式会社
　　　　　　　　電話　03-5579-6278

定価：本体156円＋税